NOUVEAU PROCÉDÉ

DE

FABRICATION DE L'ACIER

ET

DU MÉTAL HOMOGÈNE

BREVETS PIERRE MARTIN

PARIS

TYPOGRAPHIE DE AD. LAINÉ ET J. HAVARD

RUE DES SAINTS-PÈRES, 19

1867

NOUVEAU PROCÉDÉ

DE

FABRICATION DE L'ACIER

ET

DU MÉTAL HOMOGÈNE

—

BREVETS PIERRE MARTIN.

PARIS

TYPOGRAPHIE DE AD. LAINÉ ET J. HAVARD

RUE DES SAINTS-PÈRES, 19

1867

INTRODUCTION.

Le procédé de M. Pierre Martin, dont le point
de départ est la simple idée de Réaumur, la fusion
du fer dans un bain de fonte, pour obtenir de
l'acier, s'est développé par une longue pratique
suivie avec persévérance, observation et intelli-
gence, non dans un laboratoire, mais dans une
forge, par une fabrication régulière de 50,000 jusqu'à 100,000 kil. par mois, depuis plus de trois
ans.

L'acier dur pour outils, fabriqué par ce nouveau
procédé, a été reconnu par trois adjudications
successives, la première à Cherbourg et les deux
autres à Rochefort, de qualité égale à celles des
premières marques d'acier fondu, provenant de
fontes au bois, quoique cet acier ait été fabriqué
avec des fontes au coke de Saint-Louis.

Ce premier succès du procédé Pierre Martin fut
bientôt suivi d'un fait bien plus important : l'emploi des fontes cristallisées à grandes facettes (emploi jusqu'alors inconnu), pour obtenir l'acier

doux à tous les degrés de carburation, jusqu'à suppression de la trempe, métal ductile à froid au suprême degré, se soudant et forgeant comme le fer.

Métal découvert par Mushet et appelé par lui métal *homogène*.

Dès lors s'ouvrait une voie nouvelle à l'art métallurgique, l'affinage direct de la fonte par fusion au four à réverbère et par réaction chimique des composants du bain, supprimant le pénible travail manuel.

La découverte de l'affinage au four à réverbère des fontes spéculaires, produisant le métal homogène, à elle seule est un progrès considérable pour l'industrie du fer en France, où les minerais propres à la production de ces fontes se trouvent en abondance.

Mais, pour obtenir ces résultats importants, il fallait que le four à réverbère fût chauffé régulièrement à la température de la fusion de l'acier au moins; il fallait le préserver d'une prompte destruction sous cette haute température; il fallait enfin que le bain de métal fût à l'abri du contact de l'air, comme il l'est dans les creusets clos, employés pour la fabrication en usage de l'acier.

M. Pierre Martin comprit que le mélange de gaz en excès, avec l'air, pouvait seul satisfaire à la condition de conserver le courant de gaz enflammé à l'état réducteur, en lui assurant toujours la haute température exigée. Il parvint à atteindre ce but, et trouva en même temps que cet excès de gaz satisfaisait à la condition de conservation du four, en plaçant entre le courant enflammé et la voûte du four une couche plus légère de gaz non brûlé, la préservant de prompte altération; ce résultat nouveau permit de faire jusqu'à vingt fusions dans le même four sans le réparer.

Dès lors il était acquis que la fabrication de l'acier, sur la sole d'un four à réverbère, présentait des conditions pareilles et des résultats industriels au moins égaux à ceux de la fabrication de l'acier au creuset. Il était aussi acquis que le métal homogène fabriqué sur la sole du four à réverbère avait les qualités du fer forgé et constituait dès lors un progrès considérable. On reconnaissait aussi que ce procédé nouveau présentait, comparé au procédé de fabrication au creuset, en outre d'une grande économie, l'avantage de pouvoir reconnaître et modifier la qualité du bain pendant le cours de l'opération.

En résumé, on peut dire que M. Pierre Martin a réussi à réaliser pratiquement le problème de l'affinage de la fonte par fusion et réaction chimique des composants du bain.

Aucun de ses devanciers, ayant comme lui la connaissance de tous les principes et éléments nécessaires à cette opération, n'a pu la réaliser. En conséquence les moyens pratiques et les résultats industriels décrits dans les brevets de M. Pierre Martin en constituent la parfaite validité, conformément à la loi de 1844.

NOTIONS GÉNÉRALES SUR LA FABRICATION DU FER ET DE L'ACIER.

—

Minerai de fer.

L'*oxyde* de fer n'est autre chose, comme chacun sait, que la *rouille* qui se forme sur le fer exposé a l'air humide, dont l'un des composants de l'air, l'oxygène, se combine avec le fer pour former la rouille.

Cela explique pourquoi le fer métallique ne se trouve qu'à l'état de *minerai,* qui est de l'oxyde de fer mélangé de terre et de matières étrangères.

Fonte de fer.

Pour extraire le fer métallique du minerai de fer, on jette le minerai dans le haut-fourneau sur des couches successives de charbon ; ces couches de charbon, mises en combustion par une puissante soufflerie, échauffent le minerai, qui sous l'influence de la chaleur et en présence du carbone, est dégagé de l'oxygène et alors ne contient plus que le fer à l'état métallique, disséminé dans les matières vitrifiables du minerai.

Les molécules de fer métallique s'emparent d'une petite quantité de carbone qui rend le métal fusible, les gouttelettes de métal, quoique infiniment ténues, s'agglomèrent par affinité chimique et forment des gouttes de métal liquide qui par leur poids plus grand que celui des matières étrangères en fusion, descendent au fond du haut-fourneau et forment le bain de métal liquide appelé *fonte de fer*.

Fer pur.

L'affinage de la fonte pour obtenir le fer pur consiste à enlever à la fonte de fer la petite quantité de charbon qui, dans le haut-fourneau, a changé le fer pur moléculaire en fonte de fer fusible.

Le procédé d'affinage le plus en usage aujourd'hui est le *puddlage*.

Le puddleur brasse dans le four à réverbère la fonte désagrégée par la chaleur, et en exposant le métal **au courant enflammé de gaz et d'air produit par la combustion de la houille sur la grille,** l'air étant en excès, brûle le charbon contenu dans la fonte, et le puddleur forme les boules de fer pur.

Acier fondu.

Pour obtenir l'*acier fondu*, on fabrique du fer avec des fontes de qualité aciéreuse, telles que les fontes de Suède, etc.

On cémente les barres de ce fer en les faisant chauffer dans une caisse de fer fermée hermétiquement, contenant du charbon de bois pulvérisé; sous l'influence de la chaleur, le carbone pénètre le fer, qui alors se cémente en s'emparant d'environ 1 p. 100 de carbone.

On coupe en petits morceaux ces barres cémentées, on les place dans des creusets bouchés et lutés pour que l'air ne puisse pas y pénétrer.

Ces creusets étant soumis à une très-haute température, le fer cémenté se met en fusion; on coule le métal en lingots : ces lingots sont de l'*acier fondu*.

De ce court aperçu de la fabrication du fer et de l'acier, il résulte que le fer pur moléculaire, dégagé du minerai dans le haut-fourneau, a été carburé pour devenir fonte fusible. La quantité de carbone absorbé par le fer pour passer à l'état de fonte est de 4 p. 100.

Le puddlage ou l'affinage de la fonte enlève à la fonte ces 4 p. 100 de carbone, pour obtenir les boules de fer.

Pour fabriquer de l'acier, on voit que le procédé en usage consiste à rendre au fer par cémentation 1 p. 100 de carbone.

L'idée de convertir la fonte en acier directement

sans passer par l'état de fer, en n'enlevant à la fonte que 3 p. 100 du carbone qu'elle contient, se présente naturellement.

Réaumur, en faisant fondre dans un creuset du fer qui ne contient pas sensiblement de carbone et de la fonte qui en renferme 4 p. 100, obtenait de l'acier ; il réalisait cette simple idée.

Mushet, en 1800, avait pris des brevets fondés sur la fusion du fer dans un bain de fonte. (Note A.)

Heath, par ses brevets de 1839 et 1845, avait indiqué **l'emploi du four à réverbère chauffé par un courant enflammé de gaz oxyde de carbone et d'air atmosphérique** et l'emploi d'un flux vitreux pour garantir la matière de l'action de l'air atmosphérique, dans le but de décarburer la fonte liquide en y mélangeant du fer malléable, etc.

Les brevets de Heath n'ayant donné lieu à aucun procédé pratique, plusieurs inventeurs tentèrent d'employer les moyens indiqués par Heath.

Ces tentatives ayant été sans succès, on a continué à fabriquer *l'acier fondu par cémentation et fusion au creuset.*

Le procédé de fabrication de l'acier fondu sur la sole du four à réverbère restait à trouver.

PROCÉDÉ PIERRE MARTIN.

M. Pierre Martin fait emploi des moyens indiqués par Réaumur, Mushet, Heath, etc., moyens qui appartiennent au domaine public.

La difficulté consistait dans l'emploi *pratique* de ces moyens, que personne n'avait pu réaliser. C'était la manière de s'en servir qu'il fallait trouver, qu'il fallait inventer ; c'était le résultat industriel cherché depuis plus de vingt ans qu'il fallait obtenir.

M. Pierre Martin, depuis plus de trois ans, a trouvé ce procédé pratique qui produit sur la sole du four à réverbère :

De *l'acier fondu dur* pour outils ;

Du *métal homogène*, acier doux se forgeant et soudant comme le fer.

Ce procédé, fondé sur l'emploi de moyens connus, opère dans un four à réverbère chauffé par la combustion du gaz ; on fait fondre du fer dans un bain de fonte ; on opère, par l'action de l'oxyde de fer ou de minerai préparé, l'affinage de la fonte et la production de l'acier, etc.

« Heath indique de fondre les matières dans un « four d'affinage élevé à la plus haute température « au moyen de courants enflammés de gaz oxyde « de carbone et d'air atmosphérique. » Mais cette indication générale d'Heath restait sans résultat ; on brûlait le four ou la température du four était insuffisante.

Il a fallu une année d'essais onéreux de M. Pierre Martin pour obtenir pratiquement les proportions du mélange de gaz et d'air, ménageant assez le four pour faire continûment vingt fusions sans arrêter pour réparation, tout en conservant la température élevée de la fusion de l'acier jusqu'au degré où le métal, n'étant plus susceptible de trempe, devient presque aussi difficile à fondre que le fer.

Heath a bien recommandé « l'emploi d'un flux « vitreux pour garantir le métal de l'action de l'air « atmosphérique. »

Ce moyen a été reconnu insuffisant, c'est par l'emploi du *gaz en excès* que M. Pierre Martin a rendu le courant de gaz et d'air enflammé *réducteur* et jamais oxydant, de telle sorte que le métal se trouve aussi bien garanti de l'action de l'air sur la sole du four à réverbère que s'il était dans un creuset fermé.

Mais, pour fabriquer :

L'*acier fondu pour outils,* de qualité au moins égale à celui obtenu au creuset et avec plus d'économie (note B) ;

Le *métal homogène,* acier doux, à tous les degrés de décarburation jusqu'à suppression de trempe, se forgeant et soudant comme le fer, pouvant remplacer le fer de première qualité avec supériorité de résistance, de ductilité, etc. (note C), il a fallu faire le choix de fontes spéciales et pouvoir, pendant le travail, vérifier la qualité du bain et la modifier jusqu'à l'obtention du produit demandé ; — il a fallu étudier ce nouvel affinage au four à réverbère, d'abord par simple fusion du fer dans le bain de fonte, et découvrir que, sous la haute température de fabrication du métal homogène, l'affinage s'opérait en partie par l'action seule de cette température dissociante, et que l'emploi de l'oxyde de fer ou du minerai préparé pouvait assurer également cet affinage chimique.

Si la fabrication économique de l'acier à outils de qualité supérieure par le procédé Pierre Martin est un *résultat industriel* important, la fabrication économique et commerciale du métal homogène, qui depuis Mushet n'avait été qu'un produit de haut prix et de peu d'usage par suite, est un *résultat industriel* de la plus haute importance dans la métallurgie du fer. C'est l'affinage de la fonte au four à réverbère par réaction chimique des composants du bain et par dissociation du fer et du carbone de la fonte, substitué au puddlage. C'est le lingot provenant de ce bain, forgé directement pour produire les fabrications en fer forgé les plus difficiles en évitant les corroyages du fer puddlé.

Enfin, les résultats industriels produits par le procédé Pierre Martin, constatés par trois années de pratique, sont :

1° La production de l'acier fondu du commerce plus avantageusement et plus économiquement que par la fabrication au creuset;

2° La production du métal homogène, acier doux pouvant remplacer le fer forgé avec les avantages de supériorité de qualité et d'économie de fabrication.

Le procédé de M. Pierre Martin est un grand pas fait dans la voie naturelle du perfectionnement de l'industrie du fer en France, il transforme, par une seule opération de fusion, la fonte en un métal pouvant se forger et se souder comme le fer.

Si les Anglais, il y a 80 ans, en inventant le procédé de fabrication du fer à la houille, leur principale richesse minérale, ont fait la fortune de leurs forges et développé la puissance matérielle de leur pays, les forges françaises peuvent se relever par l'emploi de procédés appropriés à notre sol, riche en minerais, pauvre en combustible, qui chaque jour augmente de prix.

Déjà, par le procédé Bessemer, on affine la fonte par contact de l'air, sans emploi de combustible, et le métal Bessemer refondu produit du métal homogène se forgeant et se soudant comme le fer.

Le procédé Pierre Martin, en prenant la fonte chaude et employant le gaz du haut-fourneau pour chauffer le four à réverbère, affine la fonte directement par l'action chimique de l'oxyde de fer, etc., et produit du métal homogène se forgeant et se soudant comme le fer.

Il y a donc lieu de prévoir que le métal homogène remplacera bientôt le fer forgé avec grand avantage de qualité et d'économie.

Paris, le 22 octobre 1867.

ÉMILE MARTIN.

NOTES.

—

(A) Voir le *Traité de métallurgie* du Dr J. Percy, traduction de MM. Petitgrand et Ronna; Baudry, éditeur, 1867, pages 163 et suiv.

Acier Mushet, métal homogène. — Un brevet fut accordé en 1800 à David Mushet pour un procédé de fabrication de l'acier fondu, etc. [*], qui consiste à faire fondre dans des creusets du fer malléable sous forme de barres ou de déchets, ou du minerai de fer quand il est suffisamment riche et pur, avec une proportion convenable de matière charbonneuse. En variant la proportion de carbone on obtient différentes qualités d'acier; plus les proportions en sont faibles, plus l'acier est doux. Il est dit dans ce brevet que «généralement l'acier fabriqué avec moins d'un centième de charbon de bois jouit de toutes les propriétés nécessaires pour être façonné en articles exigeant beaucoup d'élasticité, de force et de solidité. Cet acier est également susceptible de supporter la chaleur blanche et de se souder comme le fer malléable, car, au fur et à mesure que la proportion de charbon de bois ou de toute autre matière charbonneuse diminue, on reconnaît que les qualités de l'acier se rapprochent davantage de celles du fer malléable. » M. Mushet, dit-on, céda ce brevet à une usine de Sheffield pour la somme de 75,000 francs.

Une nouvelle variété de fer, appelée métal homogène, a attiré l'attention de l'Exposition internationale de 1862. De nombreux échantillons avaient été exposés par MM. Shortbridge, Howell et Cie, de Sheffield. Certaines pièces étaient spécialement dignes d'intérêt : c'étaient des tubes minces étirés, puis aplatis et repliés

---

[*] Fabrication de l'acier fondu et four à coke perfectionné. A. D., 1808, 13 novembre, n° 2447.

à froid avec autant de facilité que si l'on eût opéré sur du caoutchouc, avec lequel ils auraient pu aisément se confondre. Ce métal possède une ténacité remarquable, et, comme l'implique son nom, il est homogène.

(B) *Qualité et fabrication économique de l'acier fondu pour outils, procédé Pierre Martin.* — Pendant les trois dernières années, la forge de Sireuil a obtenu par adjudication des fournitures d'aciers, aux ports de Rochefort et Cherbourg.

Ces aciers provenant de fontes au coke, ont été rangés, aux épreuves de la marine, à presque égalité avec les aciers provenant de fontes au bois de la maison Holtzer et Cie, et qui tient le premier rang en France pour la fabrication des aciers fins.

Tableau des épreuves de la marine.

	Prix par 1,000 kil.	Qualités relatives de échantillons présentés.
MM. Jacob Holtzer, d'Unieux................	125	16,45
Émile Martin, de Sireuil................	95	16,09
F. F. Verdié et Cie, de Firminy........	140	15,69
Despret frères, de Milourd-sur-Anor...	135	14,72
Ve Javalier aîné, de Tilchatel..........	125	13,48
O. Cottreau, d'Athis Mons............	154	10,79

Si les épreuves de la marine ont classé en première qualité les aciers fabriqués par le procédé Pierre Martin, la fabrication des rails en acier fondu dur, démontre que cette fabrication est économique.

En effet, MM. Verdié et Cie, à la suite d'essais satisfaisants faits à Sireuil, en leur présence, avec des fontes de Mokta, ont monté dans leur usine de Firminy la fabrication des rails en acier.

(C) Le métal homogène employé pour canons de fusil se trempe au degré doux exigé par l'artillerie, il se forge et se soude comme le meilleur fer; il reçoit le poli le plus parfait à l'étirage à froid. Sous l'effort de la presse hydraulique, un rondin de 20 cent. de longueur et de 6 cent. de diamètre extérieur, percé au calibre du canon de fusil (ancien modèle d'infanterie) s'allonge uniformément à la filière pour produire le canon de fusil, en conservant dans toute sa longueur de 1 mètre environ, au moyen d'un mandrin intérieur, le trou percé à son calibre dans le rondin primitif.

La fabrication de canons et pièces du fusil Chassepot en métal homogène à la forge de Sireuil est de 60,000 kil. par mois.

Ce métal présente aux épreuves à outrance des canons de fusil des conditions de résistance, qu'on ne saurait obtenir de l'acier fondu doux au creuset employé ordinairement pour canons de fusil.

Ce canon de fusil en métal homogène, percé pour l'épreuve à 15 millimètres de diamètre, résiste à l'effort d'explosion de la poudre, sous la charge de rupture qui est de 70 grammes et 7 balles.

Le tube s'élargit régulièrement, au diamètre de 18 à 20 millimètres.

Si, par un défaut accidentel de métal, un canon crève, c'est en se déchirant sans le moindre éclat, comme ferait le cuivre.

PREMIÈRE PARTIE.

—

SOMMAIRE.

BREVET DU 28 JUILLET 1865.

Revendique la fabrication au four à réverbère de produits *nouveaux* et de produits *connus*, en s'appuyant sur le principe connu de la fusion du fer ou acier naturel dans un bain de fonte.

Le brevet donne la description du choix de matières employées et les doses et proportions pour fabriquer régulièrement des produits de qualités supérieures et d'un prix de revient relativement économique.

Ces produits sont :

L'*acier fondu*, — *fer fondu* ou *acier doux*, non susceptible de trempe, et le *métal mixte*.

Description de la fabrication de chacun de ces métaux. — Travail continu, affinage par emploi du minerai. —Métal homogène des Anglais.

Addition du 16 décembre 1865.

Continuation de descriptions de fabrications pour obtenir l'*acier fondu pour outils*, l'*acier doux* (métal homogène). — Le *fer fondu*, rouverin, mais résistant à froid.— Le *métal mixte*.

Addition du 21 février 1866.

Description de fusions pour obtenir des bouches à feu en acier fondu doux et recuit.

Description d'une fusion pour transformer les riblons Bessemer en acier fondu pour outils et ressorts.

Addition du 2 mars 1866.

Application du recuit ou métal mixte.

Addition du 3 mars 1866.

Emploi pour l'affinage des battitures, scories peroxyde de fer seul et mélangé de minerais de fer *préparés*.

Addition du 19 décembre 1866.

Considérations générales sur les fabrications de l'*acier fondu* pour outils, de l'acier doux (métal homogène), du *fer fondu*, résistant à froid, et du *métal mixte* plus résistant que la fonte.

Choix des fontes :
Travail du métal dans le four.

Addition du 11 janvier 1867.

Affinage avec l'oxyde de fer.

Addition du 17 avril 1867.

Observations sur les qualités du métal homogène. — Sa cémentation.

Addition du 26 avril 1867.

Emploi des fontes à grandes facettes de Ria, donnant du métal homogène, recevant la trempe pour instruments tranchants.

Addition du 7 mai 1867.

Recuit des tubes et bouches à feu.

Addition du 18 mai 1867.

Considérations expliquant la qualité plus pure de soufre et de phosphore, de l'acier fabriqué par notre procédé.

Addition du 28 mai 1867.

Économie du combustible pour le réchauffage préalable des fontes et fer à projeter dans le bain.

Demande d'un brevet d'invention de quinze ans pour un procédé de fabrication au four à réverbère de l'acier fondu, du fer fondu et d'un métal mixte, par MM. Émile Martin et Pierre-Émile Martin, ingénieurs et maîtres de forges à Paris.

MÉMOIRE DESCRIPTIF.

Nous avons recherché les moyens de fabriquer certains métaux au four à réverbère, et sur le principe de la fusion du fer ou acier naturel, dans un bain de fonte, et nous sommes arrivés à des procédés pratiques et industriels qui nous ont permis de fabriquer d'une manière régulière et commerciale des produits nouveaux de qualité supérieure et d'un prix de revient relativement économique.

C'est pour ces procédés de fabrication de métaux spéciaux et leurs applications, que nous demandons ce brevet.

Nous avons classé ces produits comme qualité spéciale de matière, en trois espèces, que nous dénommons *acier fondu, fer fondu ou acier doux,* non susceptible de trempe, et *métal mixte,* entre l'acier fondu et la fonte de fer.

1° Acier fondu.

On fabrique d'abord de l'acier puddlé, purifié autant que possible de soufre et de phosphore, en opérant comme il suit :

Le puddleur compose la sole en riblons brûlés, et les courants d'air sont garnis de minerais riches en oxyde ; pendant le travail, il projettera sur la fonte, à mesure d'affinage, un flux composé de sel marin et de manganèse fondus ensemble : ce flux élève considérablement la température, rend le laitier noir, plus liquide, et en même temps purifie le métal du soufre et du phosphore, en faisant passer ces métaux nuisibles dans le laitier.

Le puddleur opère moins par le travail manuel que par l'observation de la marche de l'affinage, qu'il arrête au point où il reconnaît que le métal, suffisamment décarburé, est passé à l'état d'acier. Aussi ce mode de puddlage ne produit qu'environ 1,000 kil. d'acier puddlé par tournée de douze heures, et par four ; mais il est beaucoup moins fatigant pour l'ouvrier.

L'acier puddlé, ainsi obtenu au degré de carburation et de pureté qui constitue sa bonne qualité, est laminé ou pilonné, et coupé en fragments de un à deux kilogrammes pour être employé à la fabrication de l'acier fondu ainsi qu'il suit :

Dans un four à réverbère représenté sur le dessin joint à ce mémoire, chauffé au gaz par le procédé Siemens et élevé à la température de 1,800 à 2,000 degrés, ou dans un four à réverbère à grille, ou chauffé au gaz par un système quelconque, pourvu que ce four puisse être élevé et maintenu à la température blanche et continue, on porte 350 kil. de fonte en fragments, pesant chacun environ 2 kil., préalablement chauffés à la température blanche, et on obtient un bain de fonte liquide à haute température.

Lorsque cette température est bien assurée, on y projette des fragments d'acier puddlé, fabriqué comme il est dit ci-dessus, du poids, chacun, de 1 à 2 kil., préalablement chauffés au blanc, successivement, etc., jusqu'au poids de 100 kil.; 15 à 20 minutes suffisent pour la fusion de ces 100 kil. dans le bain de fonte que l'on brasse légèrement pour le bien mélanger, ét qu'on entretient avec soin à la température blanche.

On projette alors la deuxième charge de 100 kil. de fragments d'acier puddlé, chauffés au blanc, toujours successivement après la troisième charge d'acier mise en fusion dans le bain. On retire les laitiers noirs oxydant qui couvrent le bain, et on les remplace par des laitiers clairs, vitreux, tels que les laitiers de haut fourneau au bois en bonne allure, en y ajoutant un poids égal de sable siliceux.

Ce laitier préserve le bain de toute oxydation, tandis que le sable siliceux empêche le métal de devenir rouverin, et s'oppose à ce que l'acier bouillonne et monte au coulage dans les moules et lingotières.

On continue de porter dans le bain les charges de 100 kil. de fragments d'acier puddlé, comme il est dit ci-dessus, à mesure de leur fusion rapide dans le bain; par exemple, de 1,700 kil., provenant de 350 kil. de fonte, de 1,150 kil. d'acier puddlé et de 200 kil. de débris ou jets d'acier des fusions précédentes; à ce point, on brasse le tout; on reconnaît par les essais qu'on retire du bain le grain du métal obtenu, et, suivant la qualité du métal, on ajoute de 20 kil. à 50 kil. de fonte, semblable ou à facettes, préalablement chauffés au blanc, qui déterminent le grain exact de l'acier fondu.

Pour élever la température et purifier le bain à cette fin de l'opération, s'il y a lieu, on y projette un flux de manganèse et de sel marin et spath-fluor fondus ensemble.

Le métal brassé et reconnu à son degré de qualité est coulé dans des moules ou lingotières de la manière suivante:

Les moules ou lingotières sont rangés à la circonférence

d'un plateau tournant A, fig. 2, qui, en faisant sa révolution, présente successivement chaque moule ou lingotière sous le tronc de coulée du fourneau, ce qui permet de couler la totalité du bain entier de 1,700 kil. d'acier produit dans le fourneau successivement et sans interruption dans les moules ; seulement le fondeur arrête avec son tampon B (fig. 3) le jet d'acier, aussitôt qu'un moule est plein, et il retire le tampon pour laisser couler de nouveau le métal, aussitôt que le moule suivant est parvenu sous le trou de coulée.

On peut encore faire couler le bain du four X (fig. 3), dans une cuvette C (fig. 4), par le tampon B (fig. 4), puis laisser couler la matière sur le plateau tournant A, par l'orifice E, qu'ouvre et que ferme alternativement le tampon mobile à tige G.

Dans le cas où l'orifice E de la cuvette se boucherait, on peut disposer sur le côté un second orifice de coulée.

Pour un four à réverbère de la contenance de 2,000 kil., la durée de l'opération est de cinq à six heures, ce qui permet de faire deux fusions successives par douze heures, et par suite vingt-quatre fusions par semaine ; mais il faut employer deux fours à réverbère, un four, jusqu'à présent, ayant besoin de réparations après dix à douze fusions.

Le déchet est d'environ dix à douze pour cent suivant la nature des matières employées.

La consommation de houille du générateur est de 12 hectolitres par douze heures ; mais ce générateur peut aussi bien être alimenté par de l'anthracite, du lignite, de la tourbe, etc.

Il faut ajouter 12 hectolitres par douze heures pour le four à réchauffer les fragments de fonte et d'acier puddlé, avant de les projeter dans le bain. On fera l'économie de ces 12 hectolitres de houille par jour en chauffant les fragments dans un appendice au four à réverbère ou au four à puddler.

La main-d'œuvre pour la fusion et le coulage des moules et lingots s'élève à 25 francs par jour environ.

En employant les fontes aciéreuses des hauts fourneaux de Saint-Louis, nous obtenons une qualité d'aciers pour burins, comparable à l'acier fondu de bonne marque anglaise pour le même emploi.

En conservant les proportions de fonte et en variant les proportions d'acier puddlé, nous obtenons un acier plus doux pour ressorts, etc.

Ainsi nous avons obtenu un acier demi-dur en prenant 350 kil. de fonte et ajoutant successivement dans le bain jusqu'à 1,300 kil. d'acier puddlé, et 200 kil. de débris des fusions précédentes.

On peut varier à la fois les proportions de fonte et d'acier puddlé, selon la nature de l'acier fondu à obtenir.

Toutes les fontes aciéreuses pures, c'est-à-dire donnant de l'acier puddlé de bonne qualité, comme les fontes à facettes de Saint-Louis, produiront, par notre procédé, de bonnes qualités d'acier fondu.

De même, l'emploi des fers et aciers naturels affinés au bois donnera de bons aciers fondus.

Ce procédé s'étend évidemment à l'emploi de toutes les qualités de fontes, pour obtenir des produits de qualité proportionnée à la pureté et nature spéciale de la fonte employée.

Nous opérons dans un four à réverbère de la contenance de 2,000 à 2,500 kil., mais le four pourrait avoir la contenance de 5 à 6,000 kil. et plus, comme les fours servant au coulage des canons de tous les calibres, et l'opération serait conduite comme dans le four de 2,000 kil. et donnerait les mêmes résultats.

Nous devons ajouter que cette fabrication d'acier fondu peut être continue, si l'on ne coule qu'une partie du bain, qu'on remplace par une quantité égale d'acier puddlé.

Nous ajouterons de plus à ce brevet que la transformation de la fonte en acier fondu *peut être directe* après la transformation du premier bain de 1,700 kil.

Par exemple :

Pour cela, on coulera un lingot de 170 kil., soit 1/10 du poids total de 1,700 kil. du bain total d'acier. On remplacera ces 170 kil. d'acier fondu en projetant dans le bain 170 kil. de fonte aciéreuse, en fragments chauffés au blanc.

Cette fonte, de densité moindre que celle de l'acier, reste à la surface du bain d'acier sur une mince épaisseur. On projette du minerai en poudre ou toute autre matière oxydante qui s'empare du carbone de cette couche mince de fonte ; on brasse, et l'assimilation de la fonte au bain d'acier fondu est opérée.

Nous dirons même que, sans addition de matières oxydantes, on obtient l'assimilation de la fonte à l'acier fondu, suivant la qualité des fontes.

En retirant successivement 170 kil. d'acier fondu et les remplaçant dans le bain par 170 kil. de fonte aciéreuse, on aura un travail continu transformant ainsi la fonte directement en acier fondu.

En effet, lorsque le bain se trouve suffisamment privé de carbone, etc., pour commencer à se coaguler et à passer à l'état de fer, l'addition de 170 kil. de fonte lui rend assez de carbone pour le liquéfier et, par suite, assimiler le bain avec la charge nouvelle de fonte.

L'acier fondu dur ou demi-dur, obtenu par le procédé ci-dessus décrit, est comparable comme qualité au meilleur acier de creuset, soit pour burins, outils de tours, tarauds, limes, etc., soit pour pointes de croisements, bandages, roues de locomotives, rails, etc., soit pour ressorts, outils de taillanderie, etc.

2° FER FONDU OU ACIER DOUX NON SUSCEPTIBLE DE TREMPE.

Pour une fusion de 1,700 kil. nous employons :

350 kil. de fonte aciéreuse;

1,300 kil. de fer à grain puddlé provenant de la même fonte, affinée par le procédé indiqué ci-dessus pour l'acier puddlé, propre à la fabrication de l'acier fondu, et

50 kil. de débris d'acier des fusions précédentes.

En ajoutant du spath-fluor fondu avec le flux employé par le puddleur pendant le travail, on projette dans le bain à la fin de la fusion 10 à 20 kil. de fontes à facettes.

La fusion s'opère de la même manière et dans le même four que pour l'acier fondu ; elle dure le même temps.

Le procédé pour obtenir l'acier doux non susceptible de trempe ne diffère donc de celui ci-dessus employé pour la fabrication de l'acier fondu que par l'emploi du *fer à grain*, substitué à celui de l'acier puddlé, et l'emploi des fontes à grandes facettes.

Ce procédé est applicable à toutes les natures de fontes, fers et ferrailles ; on conçoit seulement que les produits obtenus seront, pour leurs qualités, dépendants de la qualité des fers et fontes que l'on emploiera.

Le coulage est le même que pour l'acier fondu.

L'acier doux fabriqué par notre procédé présente une qualité comparable à celle du métal homogène des Anglais, par sa ductilité à froid qui le rend propre à la fabrication des canons de fusil, par l'étirage à froid.

La résistance des canons de fusil fabriqués avec cet acier a été, aux épreuves de Vincennes, constaté plus que double de celle exigée par les règlements.

Ce métal, se coulant sous toutes les formes et dimensions, comme la fonte de fer et le bronze, se forgeant et se soudant comme le fer, dont il a toute la ductilité, avec plus de pureté et d'homogénéité, peut recevoir des applications très-importantes et économiser surtout les frais de forgeage des pièces de difficile fabrication.

3° Métal mixte ou métal intermédiaire entre l'acier fondu et la fonte de fer.

Si dans les fours à réverbère décrits ci-dessus, on fait fondre à la température blanche 500 kil. de fonte, et si l'on y projette 100 kil. d'acier ou de fer en fragments élevés à la même température, le fer ou l'acier fondent rapidement dans le bain de fonte, et, après l'avoir brassé et enlevé le laitier noir qu'on remplace par du laitier clair, on obtient un métal mixte, susceptible d'étirage à chaud ; ce métal d'un grain égal, plein et serré, très-dur, malléable à chaud, est moins fragile au choc que la fonte de fer.

En augmentant la proportion de fer projeté chaud à blanc, dans le bain de fonte, on augmente la ductilité du métal, et l'on diminue sa fragilité. Ainsi, dans la fabrication des pointes de croisements de chemins de fer, on peut augmenter la résistance au choc jusqu'au point où elle sera suffisante aux besoins du service, par le choix d'une fonte plus résistante et une plus grande proportion de fer ou d'acier.

En faisant recuire les pièces en métal mixte, soit trois jours pour les bandages et huit jours pour les bouches à feu du calibre de huit, dans un courant légèrement oxydant, le recuit étant proportionné à leur épaisseur pour les autres pièces, on augmente la résistance des pièces de trois à quatre fois, celle de ces mêmes pièces coulées avec les mêmes fontes en deuxième fusion.

Ce métal mixte trouve de nombreuses applications pour remplacer avec avantage la fonte dans la fabrication des bouches à feu, affûts de côtes, et des pièces de mécanique qui exigent un métal moins fragile que la fonte de fer, sans coûter beaucoup plus cher.

Paris, le 28 juillet 1867.

P. P^{on} de MM. Émile MARTIN et Pierre-Émile MARTIN.

Signé : C. LAFOND.

Addition du 16 décembre 1865.

Demande d'un certificat d'addition au brevet d'invention de quinze ans, pris le 28 juillet 1865 sous le n° 68220, pour un procédé de fabrication au four à réverbère de l'acier fondu, du fer fondu et d'un métal mixte, par MM. Émile Martin, et Pierre-Émile Martin, ingénieurs et maîtres de forges à Paris.

MÉMOIRE DESCRIPTIF.

Rappelant les trois modes de fabrication, établis dans nos brevets précédents, savoir :

1° Bain préalable de fonte aciéreuse, dans lequel on rapporte successivement, et dans les proportions indiquées, de l'acier puddlé et du fer aciéreux fabriqué avec les mêmes fontes;

2° Bain préalable de fonte aciéreuse, auquel on ajoute successivement du minerai aciéreux cru, grillé ou réduit, principalement les minerais oxydulés magnétiques, spathiques, oligistes et hémalites anhydres;

3° Après avoir obtenu le premier bain d'acier fondu par l'une des deux méthodes précédentes, le continuer en ajoutant seulement successivement, et par petites proportions, de la fonte qui, par assimilation, se convertit directement en l'un des quatre produits mentionnés plus haut.

Nous allons, par rapport à ces trois modes de fabrication, rappeler quelques détails et proportions obtenus par la pratique.

Premier mode. — On charge environ 400 kil. de fonte aciéreuse chauffée préalablement à la chaleur rouge dans le four à réverbère préparé comme il est indiqué aux brevets, c'est-à-dire avec une sole réfractaire en forme de cuvette.

Quand cette fonte est bien fondue et très-chaude, on y ajoute successivement par charges de 100 kil. environ 300 kil. de débris d'acier de fusions antérieures, puis 1,000 kil. d'acier puddlé, en morceaux de 2 à 5 kil. chacun, préalablement échauffés dans un autre four. Le tout étant bien liquide, on ajoute de 50 à 150 et jusqu'à 200 kil. de fonte également préalablement échauffée.

Lorsque cette fonte est bien fondue, et le bain bien liquide, on attend de un quart d'heure à vingt minutes avant de couler.

Il importe pour l'acier à outils, une fois reconnu le moment convenable pour couler, de ne pas tarder un instant, afin que le bain ne perde rien de ses qualités.

Voici quelques fusions bien réussies :

Coulée du 28 octobre 1865. Acier pour l'établissement de la marine à Cherbourg.

Chargé à huit heures quarante minutes du matin, 400 kil. fonte, rapporte dans le bain débris de fusions antérieures 300 kil. ; acier puddlé 1000 kil. et à la fin, fonte 170 kil. ; total de l'entrée 1870 kil.

A quatre heures quarante minutes on a coulé 1643 kil. en 14 lingots, déchet 227 kil., soit 12 pour cent. Le burin fabriqué avec cet acier coupe la fonte blanche et ne s'égrène pas.

Coulée du 28 novembre 1865 pour Cherbourg. — Chargé à quatre heures du matin 400 kil. de fonte ; rapporte dans le bain débris de fusions antérieures 300 kil. ; puis acier puddlé 1000 kil., et à la fin, fonte 150 kil. Total de l'entrée 1,850 kil. A dix heures on a coulé 1,630 kil. en 14 lingotières, déchet 220 kil. soit 12 pour cent. Le burin provenant de cette coulée est de qualité égale à celui ci-dessus.

Coulée du 29 novembre 1865, pour Cherbourg. — Chargé à six heures et demie du matin 400 kil. de fonte, débris de fusions antérieures 300 kil., puis acier puddlé 1000 kil. Total de l'entrée 1850 kil. A onze heures quarante-cinq minutes du matin, on a coulé 1,544 kil., déchet 306 kil., soit 17 pour cent. L'acier est de très-bonne qualité, vif et ayant du corps.

On voit que ces trois fusions ont produit de l'acier de qualité régulière et égale, ne présentant ni pailles, ni cendrures ; mais, pour obtenir ce résultat régulièrement, il faut que l'ouvrier suive l'opération avec soin, qu'après avoir, par l'éprouvette, reconnu le point juste de qualité du métal, la coulée soit immédiate; un retard changerait la qualité, exigerait de ramener le grain par addition de fonte, etc.

Ainsi le soin et l'observation de l'ouvrier, tenant compte de la température du four et du temps nécessaire pour accomplir l'opération, sont indispensables pour obtenir l'acier de qualité et d'égalité plus ou moins supérieures de la fonte et du fer employés.

Si l'on dépasse le temps nécessaire pour obtenir la qualité d'acier *à outils,* par exemple, l'acier devient trop doux, et il est nécessaire d'ajouter de la fonte qui, en s'assimilant au bain d'acier, lui rend le degré de dureté exigé.

Si au contraire on coule trop tôt, on risque d'avoir de l'acier peu homogène et sec, la fonte n'ayant pas eu suffisamment de temps pour se transformer en acier dans le bain.

Deuxième mode de fabrication. — Ayant obtenu par le procédé décrit ci-dessus, un premier bain d'acier fondu, on peut ajouter de la fonte à ce bain ; elle s'y assimile et se transforme en acier, ainsi qu'il vient d'être dit dans le procédé du premier mode de fabrication.

Nous présentons le deuxième mode de fabrication comme il suit :

Ayant obtenu le premier bain d'acier par le premier procédé décrit ci-dessus, on coulera la moitié de ce bain dans les lingotières, et à l'autre moitié restée dans le four on ajoutera des fragments de fonte échauffés préalablement au rouge, successivement de vingt en vingt minutes par 50 kil. à la fois. Cette fonte s'assimilera au bain et sera convertie ainsi en acier.

(Voir nos brevets du 10 août 1864 et additions, et celui du 28 juillet 1865.)

Cette opération pourra être continue, seulement elle sera plus lente que dans le premier mode; on pourra, au besoin, l'activer en employant le laitier oxygène, revenant ensuite au laitier clair, surtout en n'usant que de fonte dès le commencement de l'opération.

Ce mode de fabrication continue pourrait peut-être s'appliquer au procédé Bessemer, en ne coulant qu'une partie du bain d'acier et remplaçant par de la fonte liquide. Cette opération continue pourrait donner des produits plus réguliers.

Troisième mode de fabrication. — Au lieu d'ajouter au bain de fonte primitif successivement et par intervalles, comme il a été décrit au premier mode, des débris de fusions antérieures et des bouts de barres et morceaux d'acier puddlé ou fer aciéreux, on peut ajouter du minerai aciéreux, par exemple, oxydulé-magnétique, brut ou réduit, spathique, oligiste, hématite et manganésifère anhydre.

En effet, voici le relevé d'une opération par ce mode de fabrication :

Coulée du 27 octobre 1865. — On a chargé à six heures du matin 1,000 kil. de fonte rubannée; on a ajouté successivement au bain 200 kil. environ de minerai spathique des Pyrénées, réduit préalablement au four à gaz et chargé rouge au four à fonte.

La fusion s'est bien comportée comme température ; elle a duré neuf heures, le laitier est bien réduit, le changement en fer a eu lieu vers deux heures et demie. On a ajouté 50 kil. de fonte et on a, sur les trois heures après midi coulé 8 lingots, pesant 845 kil., débris 77 kil., en tout 922 kil., déchet environ 12 pour cent. Le déchet eût été bien moindre si l'opération avait été arrêtée plus tôt.

L'acier est très-doux, mais rouverin ; il ne se forge qu'imparfaitement ; à froid, il a une très-grande résistance.

Le laitier a pour pesanteur spécifique 3, 06, soit environ la densité du marbre blanc. On voit donc que la réduction du minerai a eu lieu complétement.

Avec l'emploi du protoxyde de fer magnétique et manganésifère, l'acier n'eût peut-être pas été rouverin.

Ayant ainsi rappelé ces trois modes de fabrication, que l'on trouve décrits dans nos brevets précédents, voyons comment, pour chacun de ces trois modes, on peut obtenir l'un des quatre produits plus haut indiqués.

Premier produit. — Acier fondu pour bandages de locomotives, pour outils, etc. — Nous avons décrit l'opération en donnant les proportions pour outils, par le premier mode. En diminuant la proportion de fonte et prolongeant l'opération, on obtient de l'acier plus doux, pour ressorts.

Si l'on transforme la fonte en acier par le deuxième mode, celui de fabrication continue, le degré de température, l'emploi des laitiers clairs, la durée de l'opération, plus lente, et l'observation du degré de transformation par l'éprouvette, seront les guides de l'ouvrier.

Il en est de même pour le troisième mode.

Deuxième produit. — Acier doux servant à la fabrication des canons de fusil étirés à froid par le procédé Christophe. — Cet acier, parfaitement homogène et ductile, n'est que peu susceptible de trempe; il s'étire à froid en canons de fusil; il a présenté aux épreuves à la poudre la plus grande résistance.

Il s'obtient, comme nous l'avons dit dans les brevets précédents, de préférence avec les fontes à facettes; on puddle, à l'état de fer aciéreux, des fontes à grandes facettes, lequel fer est destiné à être fondu dans cette fonte, et l'opération se suit dans des conditions analogues, mais non semblables à celles de l'acier pour outils. — Voici le compte d'une opération bien réussie : Le 2 décembre, on a chargé dans le four à sept heures du matin 400 kil. de fonte à grandes facettes, préférablement échauffée au rouge dans un autre four. On a ajouté 300 kil. de débris de fictions antérieures, plus de 800 kil. de fer aciéreux, et l'on a ajouté 30 kil. de fonte. On a coulé à une heure cinq minutes 1,255 kil. Total de la mise en four 1,530 kil., déchet 275 kil., soit 18 pour cent. L'acier est doux et convenable pour l'étirage à froid des canons de fusil.

Par le deuxième mode, ce même acier doux est obtenu d'abord en prenant les mêmes qualités de fonte et de fer aciéreux qui en provient, mais ensuite en prolongeant l'opération d'affinage de la fonte.

Par le troisième mode, on procède de la même manière.

Troisième produit. — Métal mixte. — Ce produit est obtenu par le premier mode, en faisant fondre dans un bain de fonte, depuis 1/3 jusqu'à 1/2 du poids de ce bain, de l'acier puddlé ou fer. Ce produit sans soufflures est susceptible d'être un peu forgé; il devient très-malléable par un recuit prolongé.

Par les deux autres modes, on obtient le produit mixte en arrêtant l'opération au moyen de l'éprouvette, au point que l'on jugera convenable pour ne pas arriver à la qualité d'acier fondu, mais rester intermédiaire entre la fonte et l'acier.

Quatrième produit. — *Fer fondu* qui peut être obtenu avec les fontes provenant de minerais de peroxyde hydraté, telles que les fontes du Périgord.

Nous l'obtenons facilement par les trois modes, en prolongeant l'opération, c'est-à-dire en forçant dans le premier mode les proportions d'acier puddlé ajouté au bain ; par le deuxième mode, en prolongeant l'affinage, et, au besoin, en activant l'opération par le laitier oxygéné; enfin par le troisième mode, en forçant la proportion de minerai ajouté au bain, et cela tant que le bain reste bien liquide, de façon à pouvoir être coulé.

Ce produit diffère de l'acier doux pour canons de fusil, en ce qu'il ne prend pas la trempe, et est rouverin, c'est-à-dire ne peut être forgé qu'au rouge sombre, ou tout à fait au blanc soudant, tandis que l'acier doux pour canons se travaille à toutes les températures.

Ayant ainsi décrit d'une manière générale les trois modes de fabrication et les quatre genres de produits que l'on peut en obtenir; savoir comme types :

1° Acier dur pour bandages, pour outils et autres;

2° Acier doux pour canons de fusil, blindages, etc.;

3° Métal mixte sans soufflures, se forgeant et pouvant être adouci, autant qu'on le jugera convenable, par un recuit suffisamment prolongé, propre à la fabrication des croisements de voie, bouches à feu, etc.;

4° Fer fondu, sans soufflures, quand il est obtenu par le troisième mode, avec le minerai très-convenable pour pièces moulées;

Voici maintenant les détails sur lesquels nous insistons pour une fabrication régulière.

Sole. — Le four à gaz dans lequel se fait la transformation de la fonte en acier est disposé comme nous l'avons décrit, avec une sole en sable. Le sable est composé de 1/5 de sable neuf siliceux de fonderie et 4/5 de vieux sable ayant déjà servi. Cette sole et ses deux autels sont isolés du massif du four par des courants d'air produits par un ventilateur, cette ventilation rafraîchissant continuellement la plaque de sole et les deux autels. On apporte un grand soin à la confection de la sole et à son entretien, ce qui agit d'une manière très-sensible sur la bonne marche de l'opération et sur la durée de cette sole sans être refaite complétement, c'est-à-dire sans arrêter le four pour réparations.

C'est ainsi qu'une sole a pu servir à trente opérations successives de 1,300 kil. chacune, sans être refaite.

Pour cela, la sole étant constituée comme il est dit plus haut et au brevet principal, et bien battue, on agit, par réchauffage, battage, refroidissement plusieurs fois, trois à quatre fois, par exemple, avant de charger, pour la première fois, de la fonte dans le four. Cette opération a pour but de dédurcir la sole et d'en faire disparaître toutes les fentes qui proviennent du séchage. Cette sole, par ce procédé, devient, pour ainsi dire, imperméable, et si, en réparant la sole après chaque fusion, on a le soin de la rebattre plusieurs fois, s'il est nécessaire, en laissant ensuite réfroidir la sole et le four, le four et la sole dureront très-longtemps.

Nous devons aussi parler de la nature du laitier. Il faut n'en avoir qu'une couche mince sur la fonte ; lorsque le four chauffe mal, ce laitier est noir et mal fondu ; lorsque le four chauffe bien, il prend une couleur vert clair, surtout en y ajoutant un demi-laitier de haut-fourneau au bois et un demi-sable siliceux. La nature et la couleur de ce laitier clair, bien fondu, avec peau lisse et brillante, indiquent assez bien la bonne marche de l'opération et la qualité du produit.

Le laitier noir indique un acier obtenu sans chaleur, avec tendance à être trop doux et rouverin.

Il ne nous reste plus qu'à faire quelques observations

sur la nature des fontes à employer pour arriver aux qualités indiquées plus haut.

Nous avons jusqu'ici fait des essais sur trois espèces de fontes.

1° Celles des fourneaux de Saint-Louis, près Marseille, obtenues avec des minerais de l'île d'Elbe, spathiques, d'Espagne et d'Afrique, et addition de manganèse.

Nous avons agi sur les fontes dites rubannées et à petites facettes et sur les fontes à grandes facettes.

Les fontes rubannées nous ont donné les aciers durs de première qualité pour bandages et outils;

Les fontes à grandes facettes, les aciers doux, pour canons de fusil.

2° Les fontes du Périgord, obtenues avec les peroxydes hydratés des terrains jurassiques et tertiaires.

Ces fontes, généralement grises, mais non à facettes, se transforment très-rapidement en fer fondu. Ce produit se soude et se travaille bien au blanc, soudant comme le fer ; il est rouverin au blanc jaune et très-résistant à froid. Avec la pratique on doit arriver à obtenir ce produit non rouverin.

3° Les fontes de Bordeaux, obtenues moitié avec minerai de Périgord et moitié avec minerai spathique de Bilbao.

L'acier coulé sous forme de bandage s'est un peu laminé, mais il est rouverin et a fini par se briser sous le laminoir.

Il tenait donc en partie des qualités des fontes de Saint-Louis et en partie des qualités des fontes du Périgord.

Cependant nous pensons que la disposition du haut-fourneau ou de l'appareil dans lequel est produite la fonte, et les mélanges et additions au lit de fusion, ont une influence sur la qualité du produit, et qu'on peut, dans certaines conditions, produire des fontes à acier, qu'elles soient grises, à grandes facettes ou rubannées, avec les minerais du Périgord et du Berry, et, dans ce cas, on pourrait obtenir des produits en acier analogues à ceux obtenus avec les autres minerais.

En résumé :

Nous revendiquons nos procédés et dispositions pour la fabrication : 1° de l'acier fondu dur ; 2° acier fondu doux ; 3° métal mixte ; 4° et fer fondu au four à réverbère chauffé au gaz à haute température par le procédé Siemens, par notre gazogène breveté ou par tout autre appareil de chauffage.

P. P. de M. É. MARTIN et P.-É. MARTIN.

Signé : C. LAFOND.

Vu pour être annexé au certificat d'addition pris le 16 décembre 1865 par les sieurs Martin.

Paris, 16 février 1866.

Pour le Ministre et par délégation :

Le Président du commerce,

Signé : E. JULIEN.

Pour expédition conforme :

Le Chef de bureau délégué,

L. SMITH.

Addition du 21 février 1866.

*Demande d'un certificat d'addition au brevet d'inven-
tion de quinze ans, pris le 28 juillet 1865 sous le
n° 68220, pour un procédé de fabrication au four
à réverbère de l'acier fondu, du fer fondu et d'un
métal mixte, par MM. Émile Martin et Pierre-
Émile Martin, ingénieurs et maîtres de forges à
Paris.*

MÉMOIRE DESCRIPTIF.

Nous venons consigner dans cette addition à notre brevet principal les résultats industriels que nous avons obtenus dans l'application de notre procédé.

Fusion du 19 septembre 1865. — Au four à gaz Siemens, dans le but de couler un canon de huit pour Ruelle,
en métal mixte analogue à la fonte malléable.

On a chargé à midi trente minutes 700 kil. fonte à canon
de Ruelle chauffée au rouge clair ; on y a ajouté successivement, par charges de 100 kil. chauffées au rouge blanc,
768 kil. d'acier puddlé des mêmes fontes. Le bain étant
bien liquide et brassé, on a ajouté à ce bain 452 kil. de
fonte chauffée au rouge clair, le tout bien fondu. On a
laissé reposer et coulé à quatre heures trois quarts un

lingot de 107 kil. ; puis un canon et sa masselotte 1,697 kil., et un barreau de 32 kil., déchet, 4 1/2 pour 100.

Ce canon retiré du moule n'a pas été dégarni de son sable, mais les parties où le sable s'était détaché ont été recouvertes de sable argileux des mouleurs (ce sable pourrait, au besoin, être ferrugineux). Puis le canon a été placé dans un four à recuire au gaz, où il est resté onze jours de vingt-quatre heures chauffé au rouge clair; après le forage, il ne présente pas de soufflures.

Fusion du 27 janvier 1866. — Au four à gaz Siemens, dans le but de couler un flasque d'affût en fer fondu pour Saint-Thomas d'Aquin. On a chargé à huit heures du matin 200 kil. de fonte rubannée X chauffée au rouge blanc (la fonte rubannée X est moitié grise, moitié spéculaire). Cette fonte étant bien fondue, on a ajouté successivement par 10 kil., 55 kil. de minerai d'Afrique de Mockta-el-Hadid. Ce minerai avait été grillé au gaz, concassé et partiellement cémenté dans des creusets en fonte ; puis ensuite on a ajouté sur les onze heures trente minutes du matin, en deux charges de 50 kil. chauffées au rouge blanc, 100 kil. d'acier puddlé des mêmes fontes ; le tout bien fondu, on a pris une éprouvette ; le métal ayant été jugé par trop doux, on a ajouté 25 kil. de mêmes fontes chauffées au rouge clair ; le tout bien fondu, on a pris une éprouvette et on a encore porté 10 kil. de minerai préparé de Mockta-el-Hadid ; le tout bien liquide, on a brassé, pris une éprouvette, laissé reposer et coulé à une heure trente minutes après-midi un flasque d'affût pour Saint-Thomas-d'Aquin 95 kil., un lingot 124 kil., débris 67 kil., déchet environ 14 pour 100. Au sujet de cette fusion, nous devons ajouter que le résultat eût été atteint avec un bain de fonte rubannée ou spéculaire, dans lequel on eût porté trois fois le poids de la fonte, en fer de même provenance pour les fontes spéculaires, ou quatre fois pour les fontes rubannées. Mais cette méthode a l'inconvénient de donner un métal moins liquide, plus souffleux et plus rouverin. Ce résultat eût également été atteint si, au lieu de minerai riche, on eût porté dans le bain liquide des battitures ou des scories riches de puddlage. Ce métal est, jusqu'ici, inusité dans le commerce, et, comme le métal mixte, peut être regardé comme de nature nouvelle.

Fusion du 2 février 1866. — Au four à réverbère à grille de la fonderie de fonte, pour une pointe de croisement de Paris à Lyon. On a chargé à huit heures du matin, la sole étant bien chaude, 700 kil. de fonte rubannée X ; on a ajouté 300 kil. de débris de fusions d'acier fondu successivement par charges de 100 kil. chauffées au rouge blanc sur le haut de la sole du même four, puis également par charges successives de 100 kil. chauffées au rouge blanc sur le haut de la sole du même four, 300 kil. d'acier puddlé ; on a brassé et pris une éprouvette, laissé reposer, et on a coulé à une heure trente minutes une pointe de croisement de Lyon 871 kil., 1 barreau 25 kil., jets 295 kil., déchet 109 kil., soit 8 pour 100 recuit.

La pièce n'a pas été dégarnie de son sable en la retirant du moule ; les parties où le sable s'était détaché ont été recouvertes de sable argileux. Puis la pièce a été placée dans le four à recuire au gaz le 3 février ; elle a été chauffée au rouge cerise pendant trois jours de vingt-quatre heures, ce qui a sensiblement modifié l'état moléculaire de la matière.

Fusion du 13 février 1866. — Refonte de riblons Bessemer au four à gaz Siemens pour acier à ressorts burins et outils de tours. On a chargé à huit heures trente-cinq minutes du matin 250 kil. de fonte rubannée X chauffée au rouge clair. Lorsque cette fonte a présenté un bain bien liquide, on y a ajouté successivement par charges de 80 kil. chauffées au rouge blanc, et à mesure de leur fusion successive 700 kil. de riblon Bessemer ; puis, le bain étant bien liquide, et ayant pris un nombre suffisant d'éprouvettes pour s'assurer de sa qualité, on a chargé dans ce bain 100 kil. de fontes rubannées X chauffées au rouge clair; le tout étant bien fondu et brassé, on a coulé un quart d'heure après, à quatre heures du soir, 6 lingots pesant 740 kil. ; puis, au bain restant, on a ajouté 25 kil. de fonte rubannée X, chauffée au rouge clair, et dix minutes environ après, la fonte ajoutée étant bien fondue, ayant pris une éprouvette pour s'assurer préalablement de la quantité du bain, on l'a brassé, laissé reposer, et on a coulé à quatre heures trente minutes un lingot de 102 kil.

L'acier des 6 premiers lingots est demi-dur, presque doux, et paraît convenir pour ressorts. Le dernier lingot a donné un burin qui coupe bien la fonte blanche et dont la qualité paraît plus convenable pour outils de tours que pour burin.

Ces résultats démontrent la voie manufacturière dans laquelle est entrée l'exploitation de notre procédé.

P. P. de MM. É. MARTIN et P.-É. MARTIN.

Signé : C. LAFOND.

Addition du 2 mars 1866.

Demande d'un certificat d'addition au brevet d'invention de quinze ans, pris le 28 juillet 1865, sous le n° 68220, pour un procédé de fabrication au four à réverbère de l'acier fondu, du fer fondu et d'un métal mixte, par MM. Émile Martin et Pierre-Émile Martin, ingénieurs et maîtres de forges, à Paris.

MÉMOIRE DESCRIPTIF.

Nous venons consigner dans cette addition les améliorations nouvelles que nous avons apportées dans l'exploitation industrielle de notre procédé et l'extension qu'elle comporte.

Nos perfectionnements consistent : 1° dans l'application, tout à fait nouvelle, à notre métal de *recuit prolongé,* non pas seulement dans le but du recuit usuel, tel qu'il est pratiqué pour faire disparaître, après le forgeage ou l'étirage, l'effet de l'écrouissage de la matière, mais pour en changer tout à fait l'état moléculaire, c'est-à-dire en augmenter considérablement, par le recuit prolongé, la résistance au choc et à la traction.

Ainsi, par exemple, un barreau de notre métal mixte de 8 centimètres de côté, posé sur deux points d'appui, distants de 33 centimètres, sous le choc d'un mouton élevé à 50 centimètres de hauteur, a été brisé au sixième coup, tandis qu'un barreau de notre métal mixte de mêmes dimensions, mais recuit pendant quatre jours, a résisté au choc du même mouton élevé à 90 centimètres, et après quinze coups successifs.

Après ce recuit prolongé, le grain du métal est complétement changé ; la cassure, cristalline avant le recuit, est devenue analogue à celle de l'acier, et, si le recuit est prolongé plus longtemps, la cassure est devenue analogue à celle du fer aciéreux. Voilà pourquoi un canon coulé en métal mixte à 50 pour 100 de fonte et 50 pour 100 d'acier puddlé, fer aciéreux et riblons d'acier fondu, pourra, par un recuit prolongé, être transformé en acier doux et même en fer aciéreux, sans avoir de soufflures, et ayant toute la résistance de ces métaux.

Voici comment nous procédons pour ce recuit prolongé : les pièces à recuire dans le four sont enveloppées dans du sable argileux, mêlé de peroxyde de fer et de peroxyde de manganèse.

La température la plus convenable pour ce recuit est le rouge cerise clair ; cette température peut être un peu plus élevée sur la fin de l'opération. Il est préférable, en effet, que cette température aille légèrement en augmentant du commencement à la fin de l'opération. Le recuit se fait dans un courant de flamme de grille ou de gaz, mais nous préférons la flamme de gaz parce qu'elle est plus égale, remplit mieux le four et donne une température moins vive et plus régulière dans tout le four. Les pièces se recuisent mieux dans le four à gaz que dans le four à acier, parce que la matière n'y est pas dénaturée par l'action oxydante de la flamme, comme il arrive presque toujours ou souvent dans le four à grille ; il faut donc éviter une flamme trop oxydante qui dénaturerait le métal, en lui enlevant sa ténacité.

Le recuit d'un canon de 8 durera de vingt à trente jours.

Cette application nouvelle du recuit prolongé, qui a pour conséquence un résultat industriel nouveau, c'est-à-dire de changer complétement l'état moléculaire de notre métal mixte, en en augmentant considérablement la résistance au choc et à la traction, est applicable aux produits du procédé Bessemer, et de ceux analogues au nôtre ; nous revendiquons en conséquence l'application nouvelle du *recuit prolongé,* non-seulement à notre métal mixte, mais encore à tous les produits du procédé Bessemer et aux produits aciéreux, depuis le métal mixte jusqu'à l'acier doux.

2° Nous avons également reconnu que le procédé qui nous est spécial pour la fabrication du métal mixte, de l'acier fondu et du fer fondu, savoir : le chauffage à part des morceaux de fer aciéreux, d'acier puddlé, de riblons d'acier fondu de Bessemer ou autres, pour être fondus dans la fonte, était applicable au procédé Bessemer.

Cette application de chauffage des morceaux ci-dessus au rouge clair, au rouge blanc ou au blanc (au maximum de chaleur que peut supporter la matière à fondre sans être altérée), pour être fondus dans la fonte de l'appareil Bessemer, est réclamée par nous comme appartenant également à notre brevet.

3° Il en est de même de la fabrication du fer fondu, obtenu avec le minerai, battitures et scories riches de puddlage, dans notre bain de fonte. Or, comme le procédé d'obtenir du fer fondu au moyen de minerai riche, battitures, scories riches de puddlage dans un bain de fonte, est inusité et nouveau dans le commerce, avec ou sans addition de fer aciéreux ou acier puddlé fondu dans le bain, nous nous en réservons l'application au procédé Bessemer, et à ceux donnant des produits analogues aux nôtres.

P. P. de M. Émile MARTIN et Pierre-Émile MARTIN.

Signé : C. Lafond.

Addition du 3 mars 1866.

Demande d'un certificat d'addition au brevet d'invention de quinze ans, pris le 28 juillet 1865, sous le n° 68220, pour un procédé de fabrication au four à réverbère de l'acier fondu, du fer fondu et d'un métal mixte, par MM. Émile Martin et Pierre-Émile Martin, ingénieurs et maîtres de forges, à Paris.

MÉMOIRE DESCRIPTIF.

L'expérimentation de notre procédé nous a fait reconnaître un résultat avantageux dans l'emploi du peroxyde de manganèse seul ou mélangé au minerai de fer préparé (minerai de fer riche des terrains anciens dits minerais pour aciers), comme nous l'avons expliqué précédemment, avec les battitures ou les scories riches de puddlage, pour en obtenir du fer fondu.

Ainsi, pour 1,000 kil. de fonte, on portera 250 kil. de minerai riche, préparé par le grillage et par une cémentation préalable, et 50 à 100 kil. de peroxyde de manganèse.

Les scories riches et les battitures seront ajoutées dans les mêmes proportions que le minerai au peroxyde de manganèse.

On pourra d'ailleurs à volonté joindre au bain de fonte notre mélange pour puddlage, de 1 kil. de peroxyde de manganèse et 2 kil. de sel marin.

Nous rappellerons ici que la transformation en lingot d'acier fondu, par notre procédé, des riblons Bessemer, ainsi que nous l'avons mentionné dans notre précédente addition, est un moyen de les révivifier.

En résumé :

Nous revendiquons, comme partie intégrante de notre brevet, l'emploi avec les battitures ou scories riches de puddlage, du peroxyde de manganèse seul ou mélangé au minerai de fer, préparé comme il est dit plus haut, pour en obtenir du fer fondu.

P. P. de MM. É. MARTIN et É.-P. MARTIN.

Signé : C. LAFOND.

Demande d'un certificat d'addition au brevet d'invention de quinze ans, pris le 28 juillet 1865, sous le n° 68220, pour un procédé de fabrication au four à réverbère de l'acier fondu, du fer fondu et d'un métal mixte, par MM. Émile Martin et Pierre-Émile Martin, ingénieurs et maîtres de forges à Paris.

MÉMOIRE DESCRIPTIF.

Nous venons consigner dans ce mémoire additionnel diverses améliorations ayant pour objet la réalisation industrielle et manufacturière de notre procédé.

§ 1. *Emploi des minerais.* — Nous soumettons le minerai à une préparation préalable, avant de le porter dans le bain de fonte indiqué au brevet.

Cette préparation consiste à pulvériser le minerai (autant que possible du minerai riche oxydulé manganésifère), à mélanger trois parties de ce minerai avec deux parties en poids de charbon pulvérisé. Il faut y ajouter une partie en poids de terre siliceuse ou alumineuse, suivant la nature alumineuse ou siliceuse de la gangue du minerai, le tout en boules de grosseur variable, environ 500 grammes à 1 kil. chaque, sécher et fondre sur le bain de fonte, ou directement, sans addition de fonte, *chaque boule remplissant le rôle d'un creuset brasqué*. En effet, à mesure que la boule s'échauffe, le charbon réagit sur le minerai, il y a dégagement d'oxyde de carbone; ce dégagement, à cause de l'abaissement de température, produit pendant tout le temps de la réaction, empêche la boule de fondre avant la complète réduction du minerai.

Sur 1,000 kil. de fonte on portera 500 kil. environ de minerai préparé, cette quantité variant suivant la marche de l'opération qui durera environ cinq heures.

Le minerai préparé pourra être employé sans addition de fonte, mais alors il sera toujours bien de commencer l'opération comme il a été décrit plus haut avec le bain de fonte, sauf à la continuer pour une deuxième coulée avec le minerai seul.

L'avantage que nous trouvons à cet emploi du minerai préparé au lieu de minerai brut, est un déchet moindre dans le produit, évitant en partie l'abondance du laitier noir à retirer du four pendant le traitement pour le remplacer par du laitier clair, et aussi de mieux profiter de la haute température plus facilement développée.

Cet emploi du minerai préparé comporte également l'emploi de l'addition facultative au bain du mélange de sel marin avec manganèse et spath-fluor, et en général l'emploi des alliages cités dans nos brevets précédents.

§ 2. *Emploi de la fonte granulée.* — La fonte liquide projetée sur un disque tournant avec une vitesse de 1,200 à 1,500 tours à la minute se range, suivant la distance à laquelle elle a été projetée, par degrés de carburation : les grains tombés au pied sont de la fonte; ceux projetés à la plus grande distance, de grosseur presque moléculaire, sont de l'oxyde de fer.

Il s'ensuit que tout ce qui a été projeté entre ces deux

extrêmes est à des degrés différents de carburation présentant ainsi de l'acier et du fer.

L'emploi de ces fontes granulées, au lieu de fer et fonte, présente dans le travail une économie de temps importante.

Et en employant ces fontes granulées en briques formées avec du minerai, l'économie et les avantages du procédé augmentent encore.

§ 3. — Le 3 mars 1865, nous avons obtenu un brevet pour un métal mixte fabriqué au four Siemens avec addition de minerai.

Il est certain que c'est un *procédé industriel nouveau*, et que, aux termes de la loi, c'est un *résultat industriel nouveau*.

Il convient de rappeler ici les moyens et procédés décrits dans les brevets et leurs additions.

Ces moyens sont :

1° Emploi du four à gaz Siemens ou tout autre four pouvant élever la température du four à réverbère jusqu'à 1,500 et 2,000 degrés et permettant d'obtenir une température uniforme que l'on puisse régler suivant la marche du travail et la nature des matières à traiter. Le four à gaz Siemens, remplissant toutes ces conditions, est celui que nous employons depuis deux ans à une fabrication régulière d'acier fondu de 50,000 kil. par mois, pouvant être doublée facilement avec ce seul appareil.

2° Fusion dans un bain de fonte aciéreuse du fer, de l'acier puddlé, du métal Bessemer, de l'acier fondu, des minerais de fer, etc., préalablement chauffés au rouge.

3° Choix des fontes aciéreuses pour obtenir :

L'*acier fondu* pour outils ;

L'*acier doux* (métal homogène) pour la fabrication des canons de fusil et tubes pour foyers de locomotives et autres, étirés à froid à la filière, etc. ;

Fer fondu résistant à froid, comme le fer pour blindages, etc.

Métal mixte plus résistant et plus homogène que les fontes employées à couler les bouches à feu de la marine, etc.

Le choix de ces fontes est, suivant la qualité du métal à obtenir :

Les fontes Spiegeleisen blanches ou graphiteuses;

Les fontes à grandes facettes de Saint-Louis, de Berdoulet, etc. ;

Les fontes rubannées des mêmes provenances de minerais manganésifères, présentant à la cassure des couches à facettes grises et des couches à facettes cristallines.

Ces fontes contiennent le carbone à l'état combiné ; nous supposons que c'est à cet état de combinaison qu'elles doivent la propriété d'être converties en acier par simple fusion et additions de fer, minerai, etc., matières qui, ne contenant pas ou contenant peu de carbone, forment avec la fonte un bain homogène que l'on amène, par le travail décrit aux brevets, à la contenance exacte des proportions de carbone et des composants qui constituent l'acier.

Nous croyons même que, sous l'influence de la haute température, le carbone graphiteux peut, pendant l'opération, passer à l'état combiné.

§ 4. *Travail du métal dans le four à réverbère.* — Jusqu'à présent toutes les tentatives pour fondre ou fabriquer l'acier sur la sole du four à réverbère ont été sans résultat.

Par notre procédé l'on fabrique l'acier fondu sur la sole du four à réverbère en travaillant la matière et en essayant sa qualité, jusqu'à ce qu'on ait obtenu la qualité demandée. Outre l'avantage de travailler et de modifier la qualité de l'acier à volonté, ce travail, en supprimant la dépense des creusets, en brûlant beaucoup moins de charbon, en supprimant la manœuvre pénible et dangereuse des creusets, présente une grande économie sur le procédé en usage, et a l'avantage de pouvoir couler d'un seul jet les plus grosses pièces.

Le règlement de la température du four pendant le travail est la plus importante condition pour obtenir l'acier de bonne qualité et la conservation des fours qui, en ce moment, font, par mois, 25 fusions de 2,000 kil. chacune, sans réparations, et pourraient aussi bien faire 25 fusions de 3,000 kil.

Tel est le résumé des moyens employés dans notre procédé ; mais c'est l'emploi simultané de ces moyens et procédés qui constitue réellement un procédé complet pour fabriquer directement l'acier et ses variétés sur la sole d'un four à réverbère. L'absence ou la mauvaise exécution d'un seul des moyens indiqués ferait manquer l'opération ou donnerait de mauvais produits.

Nos recherches et observations persévérantes pour arriver à fabriquer l'acier sur la sole du four à réverbère nous font croire que l'on peut conclure, de la marche de ces opérations, que la *chaleur* est l'agent principal de notre procédé ; que, de 1,500 à 2,000 degrés centigrades, les composants de la fonte et du fer en fusion sont *dissociés* au point de former un bain homogène susceptible, sous l'influence de cette température de 1,500 à 2,000 degrés, d'être modifié dans ses combinaisons, par des additions, jusqu'à ce qu'on ait obtenu la qualité désirée.

Nous croyons encore que, sous l'influence de ces températures, non-seulement la dissociation des composants du bain s'opère et favorise ses transformations de combinaisons jusqu'à ce qu'on ait obtenu le produit d'acier de la qualité voulue, mais qu'en outre, les degrés de température de fusion des composants y jouent un rôle très-important ; les métaux qui entrent en fusion à la température la moins élevée, comme le soufre, le phosphore, etc., se volatilisent, et les métaux qui fondent à différents degrés de température, se rangent, au refroidissement, dans l'ordre de ces degrés. Ainsi, en coulant dans les lingotières en fonte de l'acier fabriqué dans certaines conditions de dosage et de température, le lingot refroidi, étant brisé, présente à la surface extérieure une épaisseur de plusieurs centimètres de fer parfaitement doux et pur, tandis que l'intérieur est resté à l'état d'acier : c'est que le fer s'est refroidi le premier, et par son affinité moléculaire a repoussé au centre l'acier resté liquide.

La formation de l'acier fondu au creuset exige deux conditions : la température de 1,500 à 1,800 degrés, et l'emploi de creusets fermés préservant le métal du courant d'air.

Ces deux conditions sont obtenues dans le four à réverbère : le courant régulier du gaz assure la température constante et uniforme de 1,500 à 1,800 degrés et sous cette température empêche toute oxydation, soit à cause de la faible quantité d'air que contient le courant de gaz enflammé, soit par l'extrême dilatation de l'oxygène sous cette température annulant ou réduisant sa puissance oxydante. C'est ce qui explique la réduction du minerai projeté dans le bain.

Ne peut-on pas admettre que la chaleur, ce puissant dissolvant de tous les corps, en dissociant les composants de la fonte, du fer, des oxydes, etc....., est au moins le principal agent de leur transformation en acier ?

En résumé :

D'après les considérations exposées, nous revendiquons :

1° La fabrication de l'acier fondu, du fer fondu et de notre métal mixte, directement sur la sole du four à réverbère combiné avec le four à gaz Siemens, pour produire le degré de température nécessaire ;

2° Les moyens, procédés et agents décrits tant dans notre brevet principal que dans le mémoire additionnel pour cette fabrication.

P. P. de MM. É. MARTIN et P.-É. MARTIN,

Signé : C. LAFOND.

Vu pour être annexé au certificat d'addition pris le 19 décembre 1866 par les sieurs Martin.

Paris, le 11 mars 1867.

Pour le Ministre et par délégation :

Le Directeur du commerce intérieur,

Signé : E. JULIEN.

Pour expédition, certifiée conforme :

Le Chef de bureau,

Signé : S. SMITH.

Demande d'un certificat d'addition au brevet d'inven-
tion de quinze ans, pris le 28 juillet 1865, sous le
n° 68,220, pour un procédé de fabrication au four
à réverbère de l'acier fondu, du fer fondu et d'un
métal mixte, par MM. Émile Martin et Pierre-
Émile Martin, ingénieurs et maîtres de forges, à
Paris.

MÉMOIRE DESCRIPTIF.

Si l'on prend 100 kil. de fonte, contenant au plus
5 kil. de carbone à l'état combiné ou graphiteux, ces
5 kil. de carbone exigeront 10 kil. d'oxygène pour être
dégagés en formant de l'acide carbonique ; et comme
30 kil. de peroxyde de fer contiennent 10 kil. d'oxygène,
si l'on fait fondre ensemble les 100 kil. de fonte et les
30 kil. de peroxyde de fer, les 5 kil. de carbone seront
convertis en acide carbonique et le fer restera à l'état de
fer pur ou d'acier, etc...

Nous revendiquons, en conséquence, l'emploi direct
des oxydes de fer par fusion avec la fonte dans un four à
réverbère, chauffé au gaz, système Siemens ou autre, pour

produire de l'acier, du fer fondu, du métal homogène, etc., par les procédés décrits dans nos brevets du 28 juillet 1865.

Nous avons déjà indiqué, dans nos brevets et additions, l'emploi des minerais directement pour affiner ou décarburer la fonte, principalement avec les minerais riches et manganésifères du midi de la France et spécialement des Pyrénées.

Demande d'un certificat d'addition au brevet d'invention de quinze ans, pris le 28 juillet 1865, sous le n° 68220, pour un procédé de fabrication au four à réverbère, de l'acier fondu, du fer fondu et d'un métal mixte, par MM. Émile Martin et Pierre-Émile Martin, ingénieurs et maîtres de forges, à Paris.

MÉMOIRE DESCRIPTIF.

Notre procédé de fabrication de l'acier sur la sole du four à réverbère, en décarburant la fonte, soit par addition de fer, d'oxyde de fer ou de minerai de fer, pouvant régler exactement la dose de carbone combiné au fer, permet de fabriquer l'acier plus ou moins dur, suivant l'usage auquel il est destiné; l'acier pour burins coupant la fonte blanche contient la plus forte dose de carbone, l'acier pour instruments tranchants et ressorts les plus doux contient de moindres doses de carbone.

Mais en continuant ce travail de décarburation, en employant préférablement les fontes Spiegeleisen, les fontes cristallisées à grandes facettes manganésifères et sans

doute avec toutes les fontes pures manganésifères ou fon-
dues avec addition de manganèse, soit qu'on fasse fondre
du fer provenant des mêmes fontes, soit qu'on décarbure
le bain de fonte en employant les minerais manganésifères purs et riches ou des briques composées de fonte
granulée, oxydée, ou mélangées de minerais purs, manganésifères, etc.....

..... On arrive, en suivant la marche de l'opération,
conformément à nos brevets, à produire le métal homogène mentionné dans notre brevet principal, métal qui,
n'étant plus propre par sa trempe trop faible, à la fabrication des burins, instruments tranchants et ressorts,
n'est, commercialement parlant, plus de l'acier, mais du
fer plus ou moins dégagé de carbone, pouvant se souder
et se forger comme le fer d'affinage le plus pur, et, par
suite, de la meilleure qualité.

Ainsi, la distinction bien tranchée entre l'*acier fondu*
et le *métal homogène* consiste en ce que ce dernier métal
ne peut présenter la trempe de l'acier fondu, mais il se
travaille comme le fer forgé et présente à un haut degré
toutes les qualités de résistance et de ductilité, à froid
comme à chaud, des fers les plus purs, de la meilleure
qualité.

Le métal homogène, ou fer pur fusible, présente en
outre l'avantage, en le *cémentant*, de reprendre les qualités d'acier les plus supérieures, ayant le plus de corps et
de finesse.

Addition du 28 avril 1867.

Demande d'un certificat d'addition au brevet d'invention de quinze ans, pris le 28 juillet 1865, sous le n° 68220, pour un procédé de fabrication au four à réverbère, de l'acier fondu, du fer fondu et d'un métal mixte, par MM. Émile Martin et Pierre-Émile Martin, ingénieurs et maîtres de forges, à Paris.

MÉMOIRE DESCRIPTIF.

De nouveaux faits surgissant successivement pendant le cours de l'exploitation de nos procédés, nous venons les consigner dans ce mémoire additionnel.

L'emploi des fontes de Ria (Pyrénées), cristallisées à grandes facettes, nous a donné du métal homogène conservant un degré de trempe suffisant pour la fabrication des instruments tranchants, tout en conservant ses qualités de malléabilité à chaud comme à froid, sa soudabilité comme le fer, produisant ainsi une qualité d'acier doux, comparable à l'acier d'étoffe des épées de Tolède, joignant à la trempe la plus fine la flexibilité du fer exempte de rupture.

Nous réclamons comme addition à notre brevet de fabrication du métal homogène, au four à réverbère, la propriété de ce métal fabriqué avec les fontes de Ria et celles de qualités analogues, présentant à la fois la malléabilité à chaud et à froid et la soudabilité du fer et la trempe de l'acier doux, propre à la fabrication des instruments tranchants.

Demande d'un certificat d'addition au brevet d'invention de quinze ans, pris le 28 juillet 1865, sous le n° 68220, pour un procédé de fabrication au four à réverbère de l'acier fondu, du fer fondu et d'un métal mixte, par MM. Émile Martin et Pierre-Émile Martin, ingénieurs et maîtres de forges, à Paris.

MÉMOIRE DESCRIPTIF.

Nous venons annexer à notre brevet principal l'application du recuit aux tubes intérieurs des bouches à feu.

Le tube est coulé plein en notre métal homogène, ressué et forgé.

Il est ensuite tourné et foré en laissant cinq millimètres en plus en dedans et en dehors sur l'épaisseur finale.

Puis l'intérieur est bourré d'un mélange de minerai de fer grillé, mélangé d'un tiers de peroxyde de manganèse ou même de manganèse seulement.

Ce tube, ainsi bourré, est placé dans un four à recuire dont la flamme est légèrement oxydante.

Pour les tubes de 16 centimètres de diamètre intérieur

et de 4 millimètres d'épaisseur, on chauffe au rouge sombre, d'abord pendant un jour, au rouge cerise le second jour, au rouge clair le troisième jour.

Puis, le quatrième jour, on en retire le minerai et on chauffe dans une zone d'oxyde de carbone. La durée du recuit est plus ou moins longue, suivant l'épaisseur du métal.

Le recuit est alors achevé, et le tube peut être replacé sur le tour, alésé aux diamètres intérieur et extérieur définitifs.

Le même procédé de recuit est applicable aux bandages de métal homogène.

Les surfaces de ce métal peuvent être utilement durcies par la cémentation, par l'oxyde de carbone ou autre procédé de cémentation.

Cette cémentation du métal homogène peut être appliquée aux instruments tranchants et autres.

Addition du 18 mai 1867.

Demande d'un certificat d'addition au brevet d'inven-
tion de quinze ans, pris le 28 juillet 1865, sous le
n° 68220, pour un procédé de fabrication au four
à réverbère de l'acier fondu, du fer fondu et d'un
métal mixte, par MM. Émile Martin et Pierre-
Émile Martin, ingénieurs et maîtres de forges à
Paris.

MÉMOIRE DESCRIPTIF.

En poursuivant l'exploitation de notre procédé, nous
avons constaté de nouveaux faits que nous venons consigner dans ce mémoire additionnel.

Le 16 avril 1867, dans un bain de laitier clair, on a
projeté du minerai d'Afrique à la teneur de 55 pour cent.
Le bain a été coloré en noir, puis, après vingt-cinq ou
trente minutes de chauffage, il est redevenu clair ; 400 kil.
de ce minerai ont été projetés dans ce bain peu à peu, de
huit heures du matin à deux heures après midi ; le laitier vert sombre jaunâtre, ainsi que la densité, indiquait
la réduction de l'oxyde de fer ; cependant le bain n'a présenté aucun produit métallique.

Dans le bain de fonte du four à réverbère, en projetant du minerai grillé, la décarburation du bain est activée et le laitier reste clair. Le minerai a été réduit et cependant le poids du bain de métal n'a pas augmenté, et, si l'on prolonge l'opération, le déchet augmente, le laitier restant clair.

Dès le début de la mise en pratique de notre procédé, considérant que, dans l'opération du puddlage ordinaire, le soufre et le phosphore étaient entraînés par l'écoulement des laitiers noirs, nous remplacions les laitiers noirs par des laitiers clairs dans le même but de purification du métal. Nous avons reconnu depuis que les laitiers noirs devenaient clairs sous l'influence de la haute température prolongée.

Ainsi, dans l'opération bien observée de notre procédé, il faut reconnaître qu'en employant le minerai, l'oxyde de fer est réduit, mais on n'a pas toujours obtenu un produit en métal.

Ce fait peut-il s'expliquer en disant que la réduction de l'oxyde de fer, sous la haute température du four à gaz, s'opère par simple dissociation, mais que les molécules de fer pur extrêmement ténues, n'étant pas en présence de l'oxyde de carbone, ne peuvent être carburées au point d'être assez fusibles pour s'agglomérer par attraction, et, restant ainsi isolées à l'état naissant sous l'influence de la haute température, sont alors ou volatilisées et entraînées dans le courant des matières volatiles, ou restent dans le bain de laitier sans le colorer ?

Quoi qu'il en soit, il est certain que, par le chauffage prolongé à haute température, les composants de la fonte comme du minerai se volatilisent plus ou moins, par suite de leur dissociation, et qu'ainsi, par notre procédé de chauffage prolongé, les matières nuisibles comme le phosphore, le soufre, etc., sont dégagées, et l'acier obtenu est plus pur que celui obtenu au creuset par le procédé en usage.

En effet les aciers fabriqués par notre procédé en employant des fontes de Saint-Louis, au coke, provenant de minerais de l'île d'Elbe et autres, ont été reconnus de qualité presque égale à celle des aciers au creuset de M. Holtzer et Cᵉ, provenant de fontes au bois et de minerais de Ria plus purs de soufre et de phosphore que les fontes de Saint-Louis.

ϊ Notre procédé a donc purifié la fonte que nous avons employée. Ainsi, après être partis du principe simple de la décarburation du bain de fonte par la fusion du fer chauffé au rouge et projeté en diverses proportions, successivement et par fragments dans le bain de fonte, avec additions de minerai pur, nous réservant l'emploi de briquettes ou boucles composées de fonte granulée, oxydée, de minerais de fer, de manganèse, etc., nous sommes parvenus à obtenir la décarburation de la fonte au degré qui constitue l'acier dur pour outils; puis, par étude et pratique en grand de ce procédé, nous avons obtenu tous les degrés de l'acier doux, ou métal homogène, se soudant et se forgeant jusqu'au fer fondu non forgé, ayant la résistance et la malléabilité du fer forgé à froid, ainsi qu'au métal mixte présentant les caractères de la fonte pour moulage avec une résistance et une homogénéité supérieures.

Les essais de qualité en 1866 et 1867 aux ateliers de la marine à Rochefort, des aciers fabriqués par notre procédé, ayant été reconnus comparables, pour leur pureté, aux meilleurs aciers fabriqués au creuset, nous ont constaté que notre procédé dégage le soufre, le phosphore et les matières nuisibles à la qualité et pureté de l'acier, mieux que ne le fait la fabrication de l'acier au creuset, ce qui permet d'employer différentes qualités de fonte.

Enfin notre procédé, non-seulement fabrique les variétés du métal aciéreux aux degrés voulus, mais par ce travail prolongé sous la température convenable, le bain est purifié des matières nuisibles qu'il contient, soit par la

volatilisation de ces matières, soit parce qu'elles passen
dans le laitier du bain.

Ce qui nous engage à signaler que nous sommes les premiers à avoir reconnu les phénomènes de dissociation et volatilisation du fer et de ses combinaisons par une haute température et *par suite la purification du métal en bain,* ayant pour résultat la production par notre procédé d'une qualité d'acier plus pure et supérieure à celle qu'on eût obtenue au creuset en employant les mêmes fontes.

Demande d'un certificat d'addition au brevet d'invention de quinze ans pris le 28 juillet 1865, sous le n° 68220, pour un procédé de fabrication au four à réverbère de l'acier fondu, du fer fondu et d'un métal mixte, par MM. Émile Martin et Pierre-Émile Martin, ingénieurs à Paris.

MÉMOIRE DESCRIPTIF.

Nous venons signaler une disposition perfectionnée, qui motive la présente addition comme apportant une économie sensible sur le prix de revient.

Le dessin joint à ce mémoire fera bien connaître cette disposition, qui est établie dans le but d'éviter le four de réchauffage auxiliaire pour le réchauffage préalable de la fonte, riblon ou minerai ajouté successivement au bain.

La figure unique du dessin représente la section longitudinale d'un four Siemens avec l'application de notre perfectionnement.

Il consiste à disposer aux deux extrémités du four Siemens deux petits fours ou soles F et F', sur lesquelles on place les matières à réchauffer avant de les porter dans le bain.

Lorsque l'air rentre par le conduit A et le gaz par le conduit G, on place la charge à réchauffer sur la sole F' ; lorsque l'air rentre en A' et le gaz en G', on place la charge à préparer par réchauffage sur la sole F, ainsi que M. Siemens le fait dans le four à puddler.

Par ce procédé, qui réunit le four auxiliaire de réchauffage et le four de fusion en un seul appareil, on économise presque entièrement les vingt hectolitres par vingt-quatre heures de charbon employés d'ordinaire au réchauffage des matières ajoutées successivement dans nos procédés, au bain de métal fondu.

En résumé :

Nous revendiquons, comme annexe à notre brevet principal, la disposition perfectionnée décrite dans ce mémoire pour économiser le combustible en évitant le four de réchauffage auxiliaire.

SECONDE PARTIE.

SOMMAIRE.

Brevet obtenu le 5 juillet 1867.

Procédé d'affinage direct pour la transformation de la fonte en acier fondu et ses dérivés, par MM. Émile Martin et Pierre-Émile Martin, maîtres de forges à Paris.

DESCRIPTION.

Notre invention a pour objet un procédé d'affinage direct pour la transformation de la fonte en acier fondu et ses dérivés par l'emploi du minerai et d'une addition de fer acier puddlé ou riblon d'acier fondu.

Notre procédé, qui réunit toutes les conditions manufacturières, opère la transformation à divers degrés; ainsi, en variant le dosage des matières et leurs qualités, nous produirons à volonté :

1° L'acier fondu dur du commerce pour la fabrication des outils;

2° L'acier fondu doux (métal homogène), susceptible d'être soudé et forgé à chaud comme le fer et d'être étiré à froid; ce métal qui, après la coulée, n'est soumis qu'au laminage, jouit des mêmes propriétés que le fer sans subir comme ce dernier la façon onéreuse du puddlage et du corroyage.

3° Le fer fondu ayant la résistance du fer forgé sans avoir subi ni martelage ni laminage ;

4° Métal mixte pouvant remplacer la fonte de fer pour pièces de moulage en présentant plus de résistance au choc.

Notre procédé consiste à former, sur la sole d'un four à réverbère (de préférence le four Siemens) disposé en cuvette, un bain de fonte que l'on a amené à une haute température, ce que l'on obtient en faisant chauffer la fonte en bain pendant une demi-heure environ. Ce bain ayant été ainsi chauffé, on y projettera soit du minerai simplement grillé, mais de préférence grillé, puis cémenté par petites portions de 10 à 20 kil., ou bien on y projettera des morceaux d'acier puddlé, de fer à grains ou à nerfs, de vieux rails ou des ferrailles du poids chacun de 8 à 10 kil., que l'on aura préalablement amenés à la température rouge clair ou blanc jaune dans un four voisin ou dans un compartiment spécial du même four à réverbère.

Le minerai sera aussi lui-même chauffé préalablement avant d'être porté dans le bain de fonte. La température du four est maintenue constante pendant toute l'opération de 1600 à 2000°, et la flamme est maintenue réductive par l'abondance des gaz combustibles. L'addition du minerai ou des morceaux de fer, d'acier, etc., est faite par charges de 100 à 200 kil., suivant l'importance du bain préalable de fonte, de vingt à trente minutes environ.

La qualité de la matière ou le degré d'affinage du bain est jugé par une éprouvette, c'est-à-dire par une quantité de 500 grammes que l'on sort du bain avec une cuiller et que l'on coule dans une petite lingotière. Arrivé à un point d'affinage où le bain passe à l'état de fer fondu, on se dispose à ajouter de la fonte, de préférence manganésifère, dite Spiegeleisen. Les proportions de cette fonte ajoutée à la fin varient suivant l'appréciation du fondeur, suivant la qualité de son éprouvette et suivant la nature du métal qu'il doit obtenir. A mesure que le temps se prolonge sans couler, après la fusion de l'addition de fonte, le bain devient de plus en plus doux. Les trois divisions de l'opération sont ainsi tout à fait définies et bien caractéristiques, savoir :

Bain de fonte préalable, affinage poussé plus loin qu'il n'est nécessaire par l'addition du fer du minerai, et retour du bain au point voulu et cherché en y ajoutant une proportion de fonte en qualité et poids convenables.

A la rigueur l'addition finale de fonte n'est pas indispensable, mais elle a l'avantage de donner des aciers ayant du corps et qui ne sont pas rouverins.

Par la différence du dosage on obtient chacune des qualités plus haut citées, savoir :

1° *Métal mixte.*

Dosage. — Bain préalable de 800 kil. fonte grise ou à facettes, addition de 1,200 kil. fer, aciers ou riblons quelconques (la proportion du fer diminue avec l'addition du minerai et la nature même des fontes) et addition de 600 kil. de fonte à la fin.

Le produit se lamine sans criques et se coupe au rouge cerise à la tranche sans être rouverin. Les lingots et moulages sont sans soufflures. Un recuit prolongé adoucit les pièces coulées en métal mixte et finit par les transformer complétement en fonte malléable.

Pour rendre le bain bien homogène on réserve sur les proportions plus haut citées une charge ou deux de fer pour la fin de l'opération, et l'on brasse pendant quelques instants avant de couler.

Durée de l'opération, cinq heures.

Déchet de 4 pour 100.

2° *Acier à outils.*

Dosage. — Bain préalable de 800 kil. de fonte grise, addition de 1,300 kil. acier puddlé des mêmes fontes, addition finale 200 à 250 kil. de fonte Spiegeleisen.

Durée de l'opération, 6 heures.

Déchet de 6 à 7 pour 100.

Suivant la nature des fontes on descend jusqu'à deux parties de fonte et une partie d'acier puddlé en fer avec 200 kil. de minerai.

Nous portons comme aciers fondus à outils les produits trempant du n° 7 au n° 20, supposant tous les degrés de trempe de 0 au n° 20.

3° *Métal homogène ou acier doux.*

Ces produits ne prennent la trempe que de 0, c'est-à-dire point du tout, jusqu'au n° 7, qui correspond à peu près à l'acier pour faux, pelles et coutellerie. Ils se trempent, se soudent et se ressuent comme le fer et se travaillent facilement, sans être rouverins, à toutes les températures.

Dosage. 600 kil. fonte Spiegeleisen.

1,000 kil. fer doux à grains, des mêmes fontes.

De 100 à 150 kil. des mêmes fontes à la fin de l'opération.

Durée de l'opération, sept heures.

Déchet 9 pour 100.

4° *Fer fondu.*

Le fer fondu est un métal qui, employé à l'état de pièces coulées, a, sans être forgé, la résistance à froid du fer forgé; il présente le même aspect de cassure, et se lamine et se travaille au rouge et au blanc, soudant comme le fer.

On pousse la fusion du riblon, fer ou acier puddlé, dans le bain, ou bien l'affinage par le minerai seul ou mélangé de riblon, au maximum comme pour les opérations précédentes; on ajoute à la fin de l'opération environ 5 pour 100 de fontes grises siliceuses et manganésifères ou des fontes à grandes facettes.

La proportion de 5 pour 100 est sensiblement augmentée jusqu'à 20 pour 100, avec les fontes grises au bois, dont certaines qualités s'affinent très-rapidement et sans brassage, par l'effet seul de la haute température, déjà obtenue, du bain de fer fondu.

Durée de l'opération, de six à sept heures.
Déchet, 12 pour 100.

Exemple d'acier fondu avec forte proportion de fonte :

1,000 kil. fonte,
  400 kil. riblon,
  200 kil. minerai,
Et 400 kil. fonte à la fin.

Exemple avec fonte et minerai seuls :

1,000 kil. fonte,
  300 kil. minerai oxydulé, manganésifère grillé,
  100 kil. pour le fer fondu
  400 kil. pour acier fondu   fonte à la fin.
  600 kil. pour le métal mixte,

On peut employer également la fonte granulée, procédé Uchatius, de Rostaing, ou autre, ainsi que nous l'avons indiqué précédemment ; dans ce cas la fonte oxydée aide à l'affinage.

La fonte amalgamée préalablement par fusion avec le minerai est dans le même cas.

Enfin on pourrait ne travailler qu'avec la fonte ordinaire refondue seule par le brassage, ou par la réaction de la vapeur d'eau, comme l'a imaginé Nasmyth en 1855 pour le fer puddlé, avec l'appareil décrit par Gustave Maurice ; mais jusqu'ici, à cause de la longueur de l'opération, nous n'avons pas reconnu avantage à se passer du minerai, de la fonte oxydée et surtout du riblon.

L'emploi simultané de la fonte, du riblon et du minerai a lieu de façon à constituer, dans les conditions de notre méthode de procéder, un affinage énergique analogue jusqu'à un certain point à celui du four à puddler, sans avoir le travail pénible du brassage ; cet affinage donnant lieu à un dosage spécial, qui n'avait pas été cité ou soupçonné jusqu'ici, est un des caractères de notre procédé.

Ces différentes proportions montrent quelle peut être l'énergie de cet affinage, et montrent en même temps qu'elles n'ont aucun rapport avec celles du dosage, pour fusion dans les creusets où la fonte ne sert qu'à aider à la carburation du fer, et n'est alors employée qu'en faible proportion, tandis que par notre procédé la proportion de fonte est telle qu'elle influe d'une manière sensible sur le prix de revient du produit.

Lorsque le procédé est conduit de façon à faire rendre un produit au minerai, on prépare ce minerai en le pulvérisant, le mélangeant avec du charbon, du manganèse, de la chaux ou un flux convenable, suivant la gangue du minerai, puis formant des boules ou briquettes dont chacune joue le rôle de creuset pour la cémentation du minerai, ou bien on se contente simplement de porter dans le bain, comme il est dit au commencement, du minerai grillé, réduit et cémenté.

Par notre procédé, la qualité et le moindre déchet sont assurés par la haute température dissociante du chauffage par la combustion du gaz, dont le courant de flamme peut être maintenu à l'état réducteur par la proportion bien réglée de l'air employé à la combustion.

L'affinage s'obtient en quelques heures par fusions de 3 à 5,000 kil.

Enfin ce procédé d'affinage, essentiellement pratique par sa simplicité, et qui est destiné à remplacer le puddlage et le corroyage actuels du fer, est le seul depuis l'invention du puddlage qui ait été tenté et réalisé sur un travail continu, s'élevant de 50,000 kil. jusqu'à 100,000 kil. par mois.

Le dessin joint à ce mémoire représente, fig. 1, la section longitudinale, et, fig. 2, la section transversale de notre four de fusion, marchant au gaz, système Siemens.

En A se trouve la porte que l'on ouvre pour le chargement du four au moyen d'une palette, que l'on fait glisser sur un rouleau B.

Sur la sole en fonte C du four est étendu un lit de sable D, servant de fond au bain métallique.

Au-dessous de la plaque en fonte C, se trouve un espace vide F pour y recevoir de l'air, de la vapeur ou de l'eau pulvérisée, à l'effet de rafraîchir la sole du four.

En G G' se trouvent les cloisons régénératrices du four à gaz.

La plaque de coulée C' se prolonge en dehors de la maçonnerie, ainsi que le lit de sable D ; la coulée du bain métallique s'effectue par un bobéchon H.

Lorsque l'on veut effectuer la coulée du bain, on débouche avec un ringard le trou de coulée I.

Le métal en fusion tombe du bobéchon H dans un des récipients K, montés sur un chariot que l'on fait rouler sur des rails M M, au moyen d'un pignon O et d'une crémaillière P.

En résumé :

Nous revendiquons :

1° Notre procédé d'affinage direct de la fonte en acier fondu, et ses dérivés sur la sole d'un four à réverbère à gaz, avec la particularité toute nouvelle de la marche et du dosage variable du minerai et des métaux additionnés ;

2° La production économique et manufacturière de produits industriels d'une qualité supérieure et d'une nature nouvelle, notamment en ce qui concerne le métal homogène le métal mixte et le fer fondu.

Addition du 7 août 1867.

Demande d'un certificat d'addition au brevet d'invention de 15 ans, pris le 5 juillet 1867 sous le n° 77030, pour un procédé d'affinage direct pour la transformation de la fonte en acier fondu et ses dérivés, par MM. Émile Martin et Pierre-Émile Martin, maîtres de forges à Paris.

MÉMOIRE DESCRIPTIF.

Le but de notre présent certificat d'addition est de bien caractériser et de bien définir l'invention qui a fait l'objet de notre brevet principal et de brevets antérieurs.

Ainsi notre invention consiste essentiellement et uniquement :

1° Comme moyen, dans un procédé pratique qui consiste à affiner la fonte dans un four à réverbère par l'action chimique des matières composant le bain, sans emploi du travail manuel;

Ce procédé pratique assurant l'avantage de régler à volonté le degré de *carburation* du bain et ses alliages en *silicium, titane, tungstène* et *manganèse,* depuis le degré qui constitue l'acier dur à outils du commerce jusqu'au dernier degré lui conservant sa fusibilité.

2° Comme résultats, dans la fabrication de l'*acier fondu du commerce*, de qualité supérieure et plus économiquement que par les procédés en usage ;

Dans la fabrication du *métal homogène* (acier doux) se forgeant et soudant comme le fer ;

Dans la fabrication nouvelle du *fer fondu* présentant à froid la résistance du fer, ce métal étant essentiellement propre à la fabrication des plaques de blindage, etc. ;

Enfin dans le *métal mixte,* produit nouveau, sans soufflures, remplaçant la fonte de moulage et présentant une résistance au choc quatre fois plus grande.

Demande d'un certificat d'addition au brevet d'invention de 15 ans, pris le 5 juillet 1867 sous le n° 77030, pour un procédé d'affinage direct pour la transformation de la fonte en acier fondu et ses dérivés, par MM. Émile Martin et Pierre-Émile Martin, ingénieurs et maîtres de forges, à Paris.

MÉMOIRE DESCRIPTIF.

Depuis le brevet de M. Heath en 1839, plusieurs brevets ont été pris pour fabriquer l'acier en partant des principes énoncés dans ce brevet et autres pour la décarburation de la fonte de fer ou son affinage.

Aucun de ces brevets n'a donné de résultats industriels; tous sont restés à l'état de simples idées ou principes, n'ayant pu être mis en pratique.

C'est que le procédé pratique, produisant un résultat industriel, exige la réunion de toutes les conditions nécessaires au succès de l'opération, comme les proportions, qualités, dosages des matières employées, etc., etc., avec l'observation exacte de la température, du temps et de la conduite du travail, indispensables et fixées pour toutes opérations fondées sur des réactions chimiques.

Dans l'opération nouvelle pour affiner la fonte et la faire passer aux divers états de carburation et combinaisons chimiques, produisant les qualités diverses énoncées;

En fait, le problème consistait à affiner ou décarburer la fonte pour la convertir, d'abord, en acier, et, en continuant l'opération, obtenir un métal susceptible de se forger et de se souder comme le fer;

Et la solution ne pouvait s'obtenir que par un travail suivi en grand, et, commercialement, en observant et surmontant toutes les difficultés à vaincre.

Il fallait chauffer le four à réverbère à la température élevé constante et régulière de fusion de l'acier au moins.

Il fallait que le courant de gaz enflammé fût constamment réducteur pour ne pas oxyder le bain. Il fallait que le four ne fût pas brûlé par cette haute température.

Il fallait enfin que l'on pût sans difficultés, et pendant le cours de l'opération, essayer l'état et la qualité du bain pour y ajouter les doses nécessaires pour le modifier jusqu'à l'obtention du produit voulu.

M. Heath a bien signalé toutes les conditions nécessaires, mais ni lui ni ses successeurs n'ont pu les mettre en pratique, faute de recherches et moyens suffisants pour les réaliser. MM. Martin, en employant le four Siemens et à la suite de longs essais, sont parvenus à satisfaire à ces conditions.

Le four Siemens avec son régénérateur assurait la température assez élevée et constante.

MM. Martin reconnurent, par expérience, que le méange d'air avec excès de gaz remplissait la condition d'éviter la destruction du four, en plaçant, entre le courant de gaz enflammé et la voûte du four, une couche plus légère de gaz non brûlé préservant la voûte.

Il fut reconnu que cette manière bien suivie de conduire la chaleur donnait des laitiers blancs exempts de silicates, prouvant que le milieu à haute température qui chauffait le bain le mettait à l'abri de toute oxydation, et

què l'on pouvait, en conséquence, continuellement travailler, en essayant le bain et en l'augmentant successivement par des additions, sans craindre d'oxyder la matière.

L'appareil de chauffage reconnu suffisant et avec les
avantages ci-dessus, l'économie de ce procédé de chauffage
fut bientôt constatée par une fabrication régulière de six
tonnes par vingt-quatre heures et avec la consommation
de 1 hect. de houille par heure. L'appareil de chauffage
assuré, on pouvait dès lors étudier et suivre l'opération
chimique de l'affinage. Cet affinage a fait l'étude pratique
de M. Pierre Martin, pendant quatre ans, et les résultats
constatés, depuis ce temps, commercialement, par les fournitures d'acier fondu et de métal homogène, tant à la marine qu'à la guerre et aux chemins de fer, ne laissent aucun doute sur les qualités supérieures fabriquées :

1° De l'acier fondu ;

2° Du métal homogène, produit régulièrement par la
forge de Sireuil, et sur l'économie importante de ces
procédés.

Quant au fer fondu et au métal mixte, si le commerce
ou leur nouveauté ne peut encore en constater l'usage, les
qualités spéciales de ces deux variétés de l'acier ne laissent
aucun doute sur leur importance et leur utilité dans l'industrie du fer.

En résumé :

Nous revendiquons les moyens décrits ci-dessus comme
des perfectionnements indispensables pour la bonne conduite de la chaleur appliquée à notre procédé de fabrication de l'acier fondu dur, du métal homogène, du métal
mixte et du fer fondu.

Addition du 5 septembre 1867.

*Demande d'un certificat d'addition au brevet d'inven-
tion de quinze ans, pris le 5 juillet 1867, sous le
n° 77030, pour un procédé d'affinage direct pour
la transformation de la fonte en acier fondu et ses
dérivés, par MM. Émile Martin et Pierre-Émile
Martin, maîtres de forges, à Paris.*

MÉMOIRE DESCRIPTIF.

Après avoir donné les conditions de fabrication de l'acier
et du métal homogène (*acier doux susceptible de se
travailler comme le fer jusqu'au degré de décarburation
qui lui ôte la propriété de se tremper*), en employant un
bain composé de fonte et d'acier puddlé, ou fer ou riblons, etc., etc., dont les dosages sont fixés suivant le
degré de qualité qu'on veut obtenir, il reste à fixer plus
positivement l'emploi des minerais et des oxydes de fer
comme réactifs, employés dans le bain du four à réverbère
pour affiner la fonte.

Ainsi que nous l'avons décrit dans les brevets, la proportion d'oxyde de fer à ajouter au bain est fixée par la
quantité de carbone à enlever à la fonte.

Mais nous pouvons dire que le procédé d'affinage ou de décarburation de la fonte est avec le plus d'avantage opéré comme il suit :

On fabrique des briques ou boules avec le peroxyde de fer et le charbon de bois en poudre, en y ajoutant un peu de chaux en poudre pour rendre la pâte liante; ces briques ou boules, seulement un peu humides, sont ou roulées à la main ou comprimées dans un moule, puis plongées dans la chaux en pâte liquide; ces boules, après avoir été séchées et chauffées jusqu'au rouge cerise pendant le temps nécessaire à la réduction de peroxyde, sont projetées dans le bain où elles se trouvent alors sous l'influence du courant réducteur du four, dans des conditions de réduction analogues à ce qui se passe dans un creuset clos.

Le peroxyde est réduit à l'état de protoxyde et passe à l'état de fusion, en enlevant le carbone de bain de fonte jusqu'au point d'affinage que l'on veut obtenir.

Ce procédé qui a réussi à M. de Rostiang, pour fabriquer du fer et de l'acier, sans avoir pu être pratiqué commercialement, devient parfaitement pratique en opérant dans le four Siemens ou autre, chauffé à la température de fusion de l'acier, dont le courant de gaz est maintenu à l'état réducteur, ce qui complète le procédé pratique pour l'affinage du bain de fonte dans le four à réverbère par réaction chimique des composants du bain.

CHOIX DES FONTES.

La description dans nos brevets des opérations de la fabrication de l'acier doux, métal homogène, avec les dosages, et le choix des fontes désigne bien l'emploi spécial des fontes cristallisées à grandes facettes, mais n'établit pas suffisamment l'importance de l'emploi de ces fontes pour obtenir le métal homogène, acier doux soudant et se forgeant comme le fer; — et nous devons dire que cette qualité ou plutôt cet état spécial de la fonte, qui jusqu'à présent n'avait été signalé que dans son emploi pour le procédé Bessemer, en faible quantité, sous le nom de Spiegeleisen, est la fonte essentiellement nécessaire à la fabrication du métal homogène; c'est cette découverte qui nous a conduits à la fabrication de ce métal destiné à prendre une place si importante dans l'industrie du fer, car l'acier doux se forgeant et soudant comme le fer est certainement destiné à remplacer le fer de qualité supérieure, comme l'acier fondu inventé par Huntsmann a remplacé l'acier corroyé dans la plupart des fabrications en acier.

Nous revendiquons en conséquence la découverte du choix des fontes à grandes facettes produisant le métal homogène, comme un des points les plus importants sur lesquels sont fondés nos brevets.

Signé : Émile Martin.

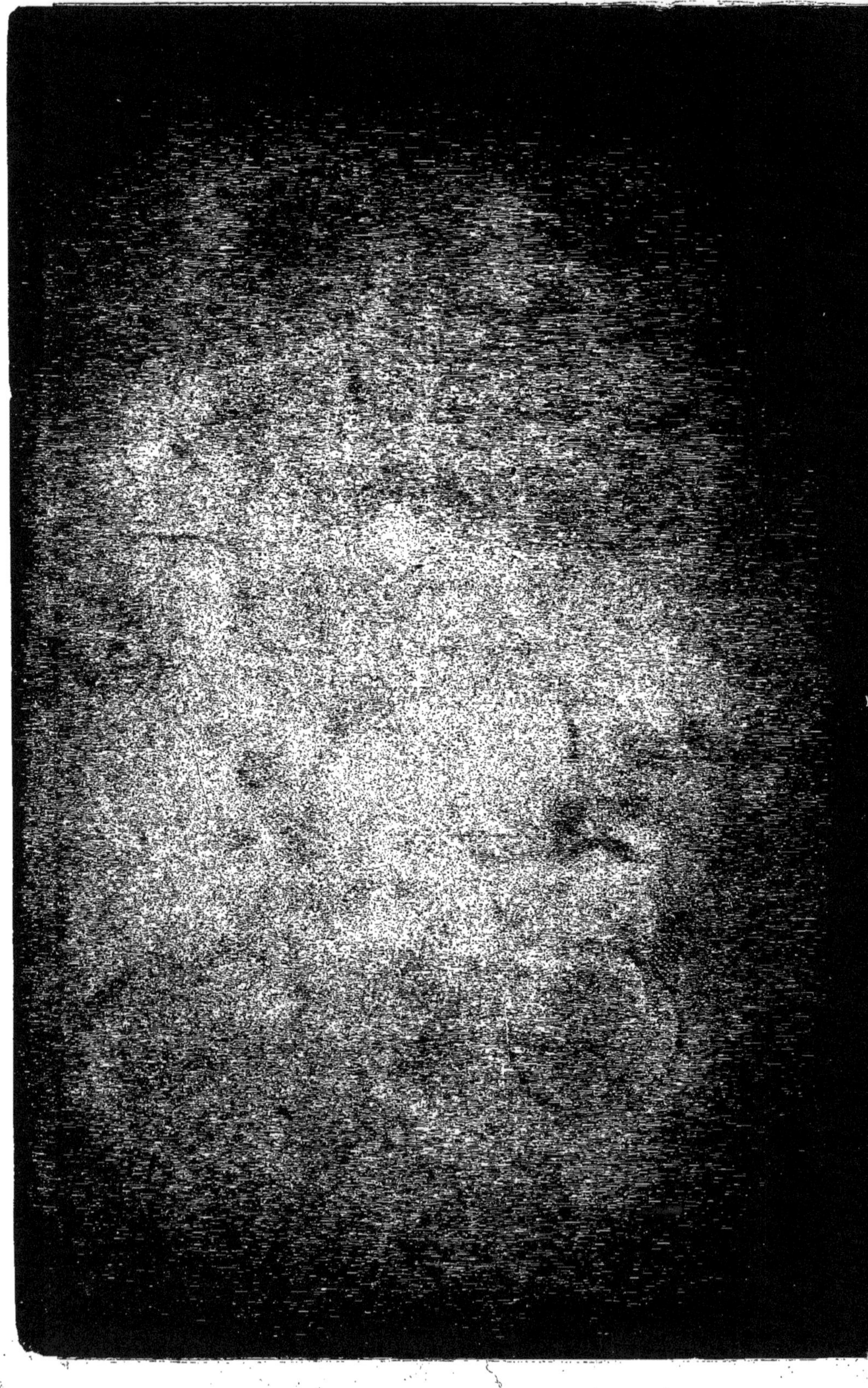